L'ASSASSINAT

Scènes Méridionales

DE 1815,

PAR MARY.

PARIS.

URBAIN CANEL ET AD. GUYOT,
Rue du Bac, n. 104.

1832.

L'ASSASSINAT.

PARIS. — IMPRIMERIE ET FONDERIE DE G. DOYEN,
RUE SAINT-JACQUES, N. 58.

L'ASSASSINAT

SCÈNES MÉRIDIONALES

DE 1815.

PAR MÉRY.

PARIS.

URBAIN CANEL ET AD. GUYOT,
RUE DU BAC, N. 104.

1832.

Quelques mots d'Introduction.

———

Le sujet principal des scènes qu'on va lire, est emprunté aux fastes encore inédits du 1815 *Méridional :* il est impossible d'écrire à la lettre une histoire contemporaine de crimes bourgeois; il faudrait essuyer à chaque page un procès en diffamation, de la part de tous les héros nommés, et tous ces procès seraient pérdus d'avance au tribunal, parcequ'il n'est pas permis de dire : *Vous êtes des assassins* à des hommes qui n'ont jamais été repris de justice, et qui se promènent gaîment sur la place publique, habillés comme nous. L'infaillible voix du peuple les désigne, les nomme, les flétrit, mais tout bas; l'historien s'en empare comme d'une classe d'êtres fantastiques, il leur donne vaguement la qualification de sicaires, et n'isole jamais les individus : il faut que toute une génération s'éteigne; alors, à l'aide des traditions, on remplit les lacunes, on met des noms propres à la place des mystérieuses étoiles, on grave le nom de la victime à côté du nom de l'assassin. Il résulte souvent de cette tardive flétrissure publique de déplorables erreurs, mais c'est un mal sans remède : l'âge présent, qui seul pourrait soulever le voile des crimes politiques, n'a pas mission pour cela. Il y a deux ans, dans une ville du Midi, une femme traita publiquement d'assassin de 1815 un homme assez mal noté. Celui-ci intenta un procès, et le gagna ; il sortit du tribunal blanc comme son drapeau. Le ministère public, la loi à la main, prouva qu'on ne pouvait pas dire : *Vous êtes un assassin*, même à un assassin, sans encourir la peine d'un mois de prison et de l'amende ; le tribunal n'était pas appelé à prononcer si l'homme insulté était un assassin de 1815 ou non, mais si la femme avait prononcé le mot de diffamation. Le dernier fait fut prouvé; on fit droit aux conclusions du Procureur du Roi.

L'historien n'aurait pas besoin de se tenir dans cette prudente réserve, si les criminels politiques avaient été traduits aux assises, et là condamnés ou absous; le greffe des cours royales serait l'autorité irrécusable consultée au besoin; mais la restauration s'est déclarée incompétente pour juger les crimes de ses amis de Nîmes, de Marseille, d'Avignon. Un instant, sous M. De Cases, il y eut une velléité sourde de remuer le sanglant limon de 1815; bien des figures pâlirent à cette annonce; mais on n'y donna nulle suite, et personne n'en fut étonné, excepté les assassins lesquels avaient foi en leurs remords. C'était sans doute alors le cas de débrouiller tout ce chaos, de donner un nom aux crimes anonymes, de trahir d'odieux incognitos; l'histoire était fraîche; on voyait encore du sang mal lavé sur les places, sur le gazon des fleuves, sur la dalle des ports; il y aurait eu concours imposant de témoins; les assassins n'avaient pas changé d'habits ni de linge, on aurait pu leur dire : C'est vous, je vous reconnais! Aujourd'hui ils sont tous à couvert sous le bouclier infâmant de la prescription légale; car on s'acquitte envers la société du sang répandu comme d'une dette d'argent, en laissant écouler un certain nombre d'années convenues; on est fort honnête homme après.

En travaillant à ces scènes méridionales, j'ai reconnu à chaque ligne l'impossibilité de faire de l'histoire contemporaine vraie; je viens d'alléguer mes raisons. Il y a eu des victimes en 1815, personne ne le nie; leurs noms peuvent être prononcés tout haut, et même écrits dans les livres, la loi le permet; les victimes font supposer nécessairement des assassins, mais ceux-ci sont inviolables; la rue seule a le privilége de les nommer;

j'ai donc été contraint à n'user du bénéfice de la loi que pour ce qui concerne les victimes; quant aux assassins, j'en ai fait un monde idéal, une pléiade nébuleuse, sans intention même de personnes; il eût été mesquin de recourir à de petites allusions, à des désignations voilées, à des semi-confidences d'historiens : les assassins que j'ai à mettre en scène ne pouvant être ni nommés, ni franchement révélés, j'ai mieux aimé en faire des êtres imaginaires, en essayant toutefois de leur conserver tous les caractères distinctifs de ces sortes de héros. Ainsi, il est d'usage dans les villes méridionales, où le remords public arrive toujours après l'exaltation de rejeter sur les *étrangers* tout l'odieux d'une page criminelle; à Marseille surtout, ville bigarrée de Génois, d'Espagnols, de Piémontais, de marins du Nord, de Napolitains, boucs émissaires des crimes locaux; là, c'est toujours *l'étranger qui a fait le mal;* il y a dans cet axiôme une fière pudeur et souvent du vrai; je m'en suis servi pour en tirer le héros principal de ce livre, *l'Étranger*. C'est un égorgeur de profession, un homme qui tue pour tuer, ayant de plus ce courage héroïque qu'on refuse ordinairement aux assassins; être d'exception, dont les types sont malheureusement connus dans le Midi.

J'ai choisi l'assassinat d'Anglès parceque ce crime est le plus inconcevable qui ait été commis en 1815; c'est *l'assassinat* dans sa plus complète acception; c'est aussi ce qui justifie la crudité du titre adopté pour ce livre. Anglès était septuagénaire; il avait de beaux cheveux blancs et une admirable figure de vieillard; avec ces signes d'éternel respect il eût désarmé les assassins dans quelque île du Sud; on l'égorgea dans un carrefour de Marseille : il y avait déjà là toute l'horreur d'un parricide. Mais la lâcheté de l'attentat est plus étonnante encore; Anglès ne fut pas frappé dans un de ces mouvemens épileptiques qui poussent un poignard dans une poitrine, sous l'influence d'une irrésistible excitation ; il y aurait eu ombre d'excuse en faveur de ce bras ; Anglès a été traqué dans son petit chemin de campagne, extrait d'une charrette de fourrage où il s'était blotti, conduit à la ville, déposé dans un corps-de-garde, jugé par dérision, puis, à la nuit close, dans une rue déserte, poignardé de sang-froid par vingt brigands qui voulurent tous avoir leur part d'honneur à cette fête : il y eut même dérision pour ses cheveux ; il se trouva un plaisant atroce qui les *teignit* par scrupule en les traînant dans la mare de sang. Voilà l'assassinat.

Anglès était un patriote de 89, vieux

serviteur dans nos glorieuses armées d'Arcole et de Lodi, homme d'étude et de savoir, jurisconsulte profond; portant sur sa figure cette solennité imposante des vieux jours de la liberté; ayant dans son organe ces notes graves et majestueuses qui remuent si fort, mêlées au récit des grandes choses. Ses mains étaient pures, il n'y avait pas un nuage de remords dans la sérénité de ce front patriarcal; son seul crime était dans ces mots, *patriote de* 89. On ne saurait se faire une idée, dans les pays du nord, de tout ce qu'on peut attacher d'infamie à cette glorieuse dénomination, quand on a vieilli en famille sous quelque toit de campagne méridionale, sans notion du monde, dans une atmosphère de royalisme mystique, dans une paresseuse contemplation de quatre images de saints héréditaires; autour d'une table monotone de jeu, avec un bourdonnement de prêtre dans l'oreille; et pour adoucissement d'ennui, pour réveil de sieste, un échange éternel de six proverbes patois, une histoire aux cent mille éditions de l'entrée de Cartaux à Marseille, des visites domiciliaires, des prêtres assermentés, des messes dites en chambres, et des assignats, des décades et du *maximum*. Si par malheur, alors, le sort vous a donné pour voisin de campagne quelque patriote de 89, qui arbore tous les dimanches le pavillon de Cartaux, l'aigreur royaliste prend un caractère d'irritation qui s'épanche en injures larges et sonores, embellies de toute la vigueur de l'idiôme natal; les yeux des vieilles femmes sont en perpétuelle observation vers cette maison de patriote qui revêt sur ses quatre murs une teinte répulsive, une physionomie à part que n'ont pas les autres maisons; l'explosion de la haine devient une habitude de ménage, un accompagnement obligé des affaires domestiques du jour; on s'y complaît même à son insu, parcequ'il y a là matière inépuisable à ces vives impressions qui secouent l'ennui dans les longs jours d'été.

L'immobilité de la maison maudite, le patriote voisin qui se promène impassible sur sa terrasse sans se douter de tant de haines si proches, tout cela ne fait que les envenimer davantage; le salon royaliste écume d'une fureur sainte; arrivent les visiteurs de la ville, le prêtre parasite et joueur, le célibataire ami de la maison qui dit des bons mots et fait le quatrième au boston, alors il y a un chœur complet d'invectives, c'est un finale d'opéra, un rebondissement d'injures, créées dans toutes ces têtes pleines de mistral et de soleil; les pieds trépignent, les poings se crispent, les visages s'allument, les menaces de sang et de mort font trembler les vitres; on s'y familiarise comme à des choses naturelles, mais sans idée d'exécution; malheureusement quelque homme d'énergie et de crime est là qui écoute, qui s'exalte de tant d'exaltation, qui se persuade que ce voisin patriote objet d'un pareil déchaînement ne doit périr que sous son poignard. Vient la crise politique; et les comiques scènes de vieilles femmes et de fous portent leur tragique fruit : Anglès est assassiné.

C'est un bien singulier pays celui où les réactions politiques s'accomplissent avec de pareils crimes, où l'on tue un vieillard parceque de longs commérages se sont exercés contre lui. Heureusement, seize années de civilisation se sont écoulées depuis; et le Midi retardataire en a profité; la presse y a mis en circulation toutes les idées du bon sens politique; le royaliste le plus fougueux n'oserait plus y professer la légitimité des crimes de 1815: l'anniversaire de la journée de sang n'a été célébré qu'une fois en 1816 avec une revue et un *Te Deum;* cette fête des odieux souvenirs fut abrogée par pudeur même à l'aurore de la restauration. Les assassins véritables, et les fanfarons d'assassinat n'eurent qu'une courte époque pour conter leurs prouesses; ils abdiquèrent insensiblement cette supériorité de cafés qu'ils devaient à leur triste auréole de sang : on n'osa plus dire bientôt d'un ton d'étrange fierté: *J'étais à l'affaire d'Anglés, j'étais aux frères Verse,* comme on a dit : *J'étais à Fleurus et à Lodi;* les rétractations prudentes commencèrent; les héros finirent par se justifier hautement de leur héroïsme, par opposer des *alibi* contre des accusations tirées de leurs propres aveux. Ils restèrent bons et fervens royalistes, honorés des saluts municipaux, et remerciés par les princesses en voyage, mais il fut bien reconnu dans les cercles et les cafés fleurdelisés que ces hommes de 1815 avaient traversé la journée du 25 juin avec des mains pures, et que les victimes étaient mortes sans assassins. S'il n'y a pas des remords au fond de cette conduite, il y a au moins un grand avertissement pour l'avenir; les hommes prédisposés à l'assassinat peuvent y trouver des leçons.

Je puis dire que je suis entré dans le monde au milieu du retentissement de ces horribles scènes; j'avais à peine dix-sept ans quand il me fut donné de voir cette terreur fleurdelisée qui fut courte faute de vaincus : cette impression m'est restée vive et sanglante, toujours comme une chose d'hier. Je vois encore la ville déserte et calme, le 25 à midi, quand je la traversai pour aller chez un ami intime qui demeurait dans les quartiers vieux près du palais. Nous lisions ensemble *Candide,* lorsque des cris de *vive le roi!* éclatèrent dans la rue ; mon ami jette le livre en disant : *Allons, encore des sottises, demain nous reverrons, sur le cours, leurs chevaux et leurs canons!* Nous descendîmes précipitamment avec l'irrésistible curiosité de notre âge pour prendre des nouvelles. Le peuple s'entassait déjà sur les places, on annonçait hautement dans les groupes la défaite de Napoléon, et le retour de Louis XVIII ; toutes les figures rayonnaient de joie, la générale battait dans les quartiers vieux. La nouvelle ville offrait un autre aspect ; les rues larges, désertes, étincelantes de soleil, étaient occupées sur un de leurs points par des postes de ligne; les soldats chantaient *la Marseillaise,* derrière leurs fusils formés en faisceaux, où étaient suspendus de blancs médaillons, à l'effigie de l'empereur. Des symptômes d'insurrection apparaissaient au fond des carrefours, et la force armée était immobile et dédaigneuse par ordre ou faute d'ordre; le peuple s'attendait à chaque instant à voir reparaître les quatre canons accoutumés, et le formidable quatorzième de chasseurs à cheval; rien n'arrivait, ni canons, ni cavaliers : l'instinct populaire vit une confirmation de la nouvelle du jour, dans cette indécision des chefs militaires ordinairement si lestes dans la mise en œuvre des moyens répressifs. L'émeute s'enhardit; les masses bourgeoises se rapprochèrent peu à peu du soldat, leurs derniers rangs criaient, *vive le roi!* pour compromettre les premiers, et commencer quelque chose; le brave général Verdier arrive à cheval suivi d'un aide-de-camp, et traverse les groupes au pas, avec une figure sereine; Verdier n'était pas haï du peuple*; aucune me-

---

* L'empereur, qui comprenait si bien les hommes, les populations et même les Marseillais, avait envoyé dans les cent-jours à Marseille des commandans militaires et civils bien propres, par leur caractère particulier, à maintenir la paix dans cette population orageuse. Verdier, Mouton-Duvernet et le préfet Frochot étaient généralement estimés. Brune seul subissait, comme il le disait lui-même, les inconvéniens d'une position trop élevée: on ne l'aimait pas. Quand on parlait, dans un lieu public, des qualités personnelles du maréchal, de son affabilité séduisante, de ses goûts de littérateur et d'artiste, on paraissait revenir, dans le cercle auditeur, à des sentimens

nace ne s'éleva contre lui; du geste et de la voix il exhortait le peuple au calme; c'était lui dire qu'il pouvait s'insurger sans risque; le peuple s'insurgea au cri de *vive le roi!* et Verdier rentra dans son hôtel. Une scène décisive, comme il en arrive toujours dans ces circonstances, précipita le mouvement: un jeune homme, poussé par une étourderie sublime, fondit sur un peleton de grenadiers, le pistolet au poing, en leur criant *bas les armes;* il tomba percé de trois balles, et le peleton

d'estime pour lui; mais la première impulsion, toujours décisive chez les méridionaux, revenait subitement aussi ; elle n'avait pas été à l'avantage de Brune. Dès les premiers jours de son arrivée les calomniateurs avaient inventé son histoire dans les petits clubs monarchiques, et cent horreurs racontées comme authentiques n'avaient pas éprouvé la moindre contradiction d'incrédulité. La tête de la princesse Lamballe, surtout, revenait dans tout les récits; il y en avait assez de cette fable pour soulever contre le maréchal les haines de toute la population.

se replia vers le poste voisin. Ce fut le premier sang répandu ; la nouvelle en circula dans toute la ville ; on battit la générale pour rassembler la garde urbaine, mais la garde urbaine ne se rassemblait pas, les places d'armes étaient presque désertes ; c'était un jour de fête, il y avait beaucoup de monde à la campagne par plaisir ou par peur ; quelques heures après, la ville et les propriétés étaient à la discrétion de ces bandes de volontaires royaux qui n'attendaient que l'occasion tant promise pour sortir des collines avec leurs équipemens étrangers et leurs fusils anglais. Ces sortes d'hommes avaient erré cent jours dans la campagne, se persuadant d'abord qu'il y avait péril pour eux en ville, s'accordant les honneurs de la proscription, puis le croyant eux-mêmes de bonne foi, à force de le répéter aux autres, et se ménageant d'avance, avec cette irritation factice, une excuse pour les représailles qu'ils comptaient exercer un jour.

L'autorité militaire n'avait pas reçu l'ordre d'agir contre une insurrection; il y avait assez de forces pour la réprimer; on la laissa faire : vers les trois heures, on voyait passer, dans les rues qui aboutissent aux portes de la ville, des bataillons de la ligne, l'arme sous le bras gauche, et tambour au dos; leur retraite ne fut inquiétée que la nuit par des tirailleurs volontaires postés derrière les petites murailles du grand chemin. Quelques cavaliers du quatorzième isolés dans la ville, la traversèrent au galop en criant *vive l'empereur!* au milieu d'une décharge continuelle de fusils. Bientôt Marseille fut libre de garnison. C'était assez pour satisfaire l'orgueil d'une ville; il y avait une apparence d'insurrection victorieuse dans ces masses de peuple qui étaient venues affronter la ligne, et qui occupaient ses postes; on pouvait même, dans l'exaltation du moment, s'abandonner à l'idée que les régimens avaient refusé la bataille offerte, et que l'aigle avait fui devant les lis; des chants de fête et de victoire auraient dû terminer ce grand jour; c'était là sans doute le sentiment de presque toute la population, quand des bandes forcenées se ruèrent dans la ville avec ces idées de pillage qui marchent toujours avec des idées d'assassinat.

Les Mamelucks étaient un objet spécial d'exaspération; ce fut sur ces malheureux que tombèrent les premiers coups. Quelques-uns d'entr'eux avaient sans doute des torts envers le peuple; dans la fougue de leur enthousiasme oriental pour Napoléon leur père, ils ne comprenaient pas cette haine obstinée que les Marseillais avaient contre lui; ils s'indignaient qu'une ville française exécrât si vigoureusement celui qui était un dieu terrestre pour eux, Égyptiens : aussi, dans les cent-jours, à toutes les revues, en tête de toutes les promenades civiques, sur la porte des cafés napoléonistes, sur la place publique où les musiques militaires exécutaient des airs nationaux, on remarquait toujours une douzaine de Mamelucks qui, dans leurs chants patriotiques, entremêlaient des gestes menaçans et un refrain d'injures orientales contre le peuple royaliste qui les écoutait. Ce peuple n'a pas d'égal au monde pour sa haine contre les étrangers qui lui arrivent d'outre-mer; Génois, Napolitains, Siciliens, Espagnols, Turcs,

Grecs, Égyptiens, il n'est pas un de ces noms qui n'aient été employés comme injures de colère ou de mépris sur le quai bruyant du port, foyer de disputes éternelles. Ce peuple, si impressionnable, si contempteur de tout ce qui n'est pas lui, avait donc fait une longue provision de ressentimens contre ces exaltés Mamelucks qui se promenaient en conquérans dans la ville hospitalière; chaque famille avait sa petite anecdote à raconter sur l'insolence de ces Égyptiens qui disaient en passant devant les groupes royalistes : *Napoleon più fort qué tu;* on s'était beaucoup aigri en parlant de leurs moustaches démesurées, de leurs larges cocardes, de leurs chapeaux inclinés sur l'oreille, de leur teint olivâtre, de leurs yeux africains, choses aussi révoltantes que des crimes chez une population nerveuse, toute crispée de royalisme et de tics locaux. Et ce ne fut pas, sans doute, ceux qui avaient eu à souffrir de ces petites bravades égyptiennes qui les punirent de mort, mais ces exaltations puériles trouvèrent de l'écho chez des hommes arrivés pour égorger et qui épousaient les ressentimens des masses inoffensives. Toute la colonie des Mamelucks fut frappée en masse de proscription pour les torts de quelques-uns ; les femmes mêmes ne furent pas épargnées; on en fusilla dans le port : j'en vis une qui, blessée à mort, en se sauvant à la nage, criait *vive l'Empereur!* et quand elle disparut sous l'eau elle élevait encore sa main au-dessus, comme pour achever par des signes le cri qu'elle avait commencé *. Ce fut un horrible jour, un jour qui pèse dans le souvenir comme un crime, pour ceux même

---

* Le plus grand nombre des Mamelucks qui composaient la colonie s'échappèrent fort heureusement dans les bois de pins près Mazargues ; ils partirent en caravane, hommes, femmes, enfans, sous la conduite d'un majestueux vieillard, à la barbe longue et blanche. Ces infortunés campèrent sur les collines, en attendant la mort de la faim. Une compagnie de la garde urbaine partit à dix heures du soir pour leur offrir asile et protection. Je m'honore d'avoir fait partie de cette expédition, car ce fut une des consolantes choses qui nous rafraîchirent le sang dans ces journées de deuil. Ces pauvres gens, surpris au milieu de la nuit, poussèrent, à notre approche, des hurlemens de terreur, et se jetèrent à nos genoux en nous demandant la vie. Ils furent bientôt rassurés en voyant les marques de respect que nous donnions à leurs vieillards et le soin que nous prenions de leurs enfans. Après avoir rallié toute la caravane avec des peines infinies, nous rentrâmes en ville à la pointe du jour ; il n'y avait plus de risques pour eux, l'effervescence était calmée, et le pouvoir provisoire établi.

qui l'ont traversé avec des mains pures, et qui sont en dehors de toute solidarité. Les scènes de pillage et de dévastation passèrent inaperçues, comme absorbées par les scènes d'assassinat; que nous importaient à nous ces hommes et ces femmes qui s'en revenaient chargés des trophées du vol, quand les ruisseaux étaient rouges de sang, quand nos pieds heurtaient des cadavres, quand nous rencontrions le tombereau des Mamelucks égorgés dans l'Oasis de leur faubourg? Il y en avait là, sans doute, quelques-uns qui s'étaient battus contre nous aux Pyramides, et pour nous à Héliopolis, et qu'un regard de Bonaparte avait déjà naturalisés Français sur la terre d'Orient. Ceux qui les assassinèrent étaient de stupides égorgeurs qui n'avaient jamais entendu parler d'Héliopolis et des Pyramides; c'étaient des Français civilisés plus barbares que ces Fellahs de Thèbes qui pleurent de joie au souvenir du Sultan du feu, et de nos soldats. Mais il faut se hâter de le dire, jamais paroxysme d'assassinat ne fut plus court; l'immense majorité de la garde urbaine prit les armes le 26 à l'aube, et toute royaliste qu'elle était alors, elle condamna d'un cri presqu'unanime d'horreur les crimes du moment, et déploya une admirable énergie de répression. Des détachemens furent envoyés sur les lieux où le pillage était encore flagrant, et il y eut bien des rixes à soutenir qui auraient pu devenir sanglantes, car les pillards, qui regardaient comme légitimement acquis par eux, le bien des victimes et des émigrés bonapartistes, n'abandonnaient leur proie qu'avec un regret féroce; il ne fallait rien moins que l'uniforme urbain pour les chasser des maisons envahies. La veille aussi, cette courageuse intervention entre les victimes et les assassins avait été quelquefois funeste aux royalistes qui voulaient arrêter l'effusion du sang.

Les deux nuits qui suivirent ces deux

jours tristes, la farandole provençale, cette longue chaîne de danses joyeuses, ne descendit pas dans les rues comme au 14 avril 1814; il aurait fallu danser sur du sang; dans nos familles royalistes on eut besoin pour s'etourdir de songer au retour prochain du roi; par intervalles un silence morne coupait l'entretien du repas du soir; on donnait quelques larmes furtives aux victimes sans oser encore flétrir ni nommer les assassins. Il y eut aussi, dans bien des maisons, des remords qui éclatèrent avant le terme; on s'accusa hautement d'avoir long-temps conseillé des meurtres que des mains étrangères avaient enfin commis; on voyait de jeunes paysans qui s'en retournaient à leur campagne, tristes, désolés, reprochant les crimes de la journée aux gens de la ville, avec ce style incomparable, mêlé de nonchalance et de vivacité, cette verve naturelle, ces saillies de bon sens, langue poétique, pittoresque, étincelante d'images, langue qu'ils ont créée et dont aucun idiôme connu ne pourrait donner une idée. Il y eut enfin, sinon des remords, du moins des douleurs pour toute la ville, excepté chez quelques royalistes stupides, quelques prêtres fanatiques, et les assassins. Ce fut la morale de cette histoire, ce fut la leçon qui devrait être impérissable s'il y avait dans certaines têtes légitimistes une place pour le souvenir.

Personnages.

Le Maréchal BRUNE.
ANGLÈS, vieillard de 70 ans.
Le Général MOUTON-DUVERNET.
Le Général VERDIER.
M. DUMEURIER, ancien marchand.
Mme DUMEURIER.
Mlle AUZET, sa sœur aînée.
ANTOINE, paysan agé de 24 ans.
M. COBARD, parasite et ami de la famille Dumeurier.
M. GODEAU, voisin campagnard de M. Dumeurier.
M. CANTOL, prêtre irrégulier.
M. LE COMTE DE *** conspirateur prudent.
L'ÉTRANGER, assassin.
JOACHIM, son fils.
M. DUTEUIL, leur ami.

PHILIPPE, invalide, vieux ami d'Anglès.
TOINETTE, vieille servante d'Anglès.
CLAIRE, servante de M. Dumeurier.
Un Sergent de Volontaires.
Officiers, Aides-de-Camp, État-Major du Maréchal.
Volontaires royaux. Enfans.

La scène est à Marseille et aux environs.

On remarquera dans quelques unes des scènes suivantes, surtout dans la première, plusieurs expressions ou tournures inusitées dans la langue française; l'auteur a cru, dans quelques cas, rendre l'idiôme du pays par des termes équivalens; et traduire mot à mot dans l'intérêt de la couleur locale certaines formes de langage propres aux dialectes méridionaux : c'est aussi dans la même intention que l'auteur s'est montré prodigue de termes injurieux rendus avec leur primitive crudité, et qui paraîtraient quelquefois déplacés dans la bouche des interlocutrices, si l'on ne savait combien l'expression de la haine politique est mâle et vigoureuse même dans les gynécées dévots du Midi.

SCÈNE PREMIÈRE.

Un Salon de Campagne.
22 juin 1815.

M. DUMEURIER, Mme DUMEURIER,
M. CANTOL, prêtre, Mlle AUZET. (Ils jouent au boston.)

M. DUMEURIER.

A vous à donner, monsieur Cantol.

Mlle AUZET.

Nous sommes au quatrième tour simple, et je n'ai pas eu un boston !

M. CANTOL.

Vous jouerez aux tours doubles.

Mme DUMEURIER.

C'est M. Cantol qui gagne tout. Moi, j'en

perds cent vingt déjà !... près de deux sous : c'est comme ça tous les soirs.

M. DUMEURIER.

Allons, à toi à demander, ma femme.

Mme DUMEURIER.

Moi je passe... Oh! quel jeu !

M. CANTOL.

Vous passez tous... Huit levées.

Mlle AUZET.

Oh çà ! quand M. Cantol donne, il a tous les *as*.

M. CANTOL.

C'est la Providence qui me les donne. Atout de l as.

Mme DUMEURIER.

Oh! faites voir votre jeu; mettez sur table.

M. CANTOL.

Voilà dix levées forcées... J'abandonne un roi troisième.

Mme DUMEURIER.

Belle grâce !

M. CANTOL.

Le coup est 48.

Mlle AUZET.

Ce n'est pas à la préférence.

M. CANTOL.

Si fait; il tournait *pique*.

Mlle AUZET.

Il tournait *cœur*.

M. CANTOL.

Il tournait *pique* ; c'est si vrai, que j'ai dit : Il tourne *pique*. M. Dumeurier s'en souvient.

M. DUMEURIER.

Je ne m'en souviens pas.

Mlle AUZET.

Oh! finissons vite ce jeu; il y a de quoi prendre les vapeurs.

Mme DUMEURIER.

C'est bien la dernière fois que je joue; j'aime mieux dire le chapelet.

M. CANTOL.

Les tours doubles commencent. Ne vous fâchez pas, madame Dumeurier; faites comme moi.

Mme DUMEURIER.

Quel front! Eh bien! voyez-vous ce front? Tous les jours il nous gagne notre argent, et puis...

M. CANTOL.

J'ai perdu tous ces jours-ci.

M. DUMEURIER.

Allons, c'est bon, c'est bon. A vous à donner, ma belle-sœur; il se fait tard...

Mme DUMEURIER.

On gratte au portail... Flore n'aboie pas; c'est M. Cobard.

M. CANTOL.

Voyons, attention au jeu. Vous renoncez à *cœur*, et vous en avez.

Mme DUMEURIER.

Comment savez-vous que j'en ai?

M.ᴸᴸᴱ AUZET.

Eh! il voit les cartes; il est si grand! Et puis il s'alonge toujours.

M. CANTOL.

Attention au jeu.

M.ᴸᴸᴱ AUZET.

Mais qui est-ce qui joue?

M. CANTOL.

Bone Jesu! c'est M. Dumeurier qui a demandé *misère*.

M.ᴸᴸᴱ AUZET.

Je ne l'avais pas entendu. Ah! mon Dieu, le beau jeu qu'il m'ôte, huit levées!

M.ᴹᴱ DUMEURIER.

Et moi neuf! La première fois que j'avais un jeu; et il perdra sa misère!

M. CANTOL.

Eh bien, il la paiera!

M. DUMEURIER.

Ah! si vous parlez, je jette les cartes : on ne parle pas à la *misère*.

M. CANTOL.

Il a raison.

Mme DUMEURIER.

Ah! voilà M. Cobard.

(Entre M. Cobard.)

M. COBARD.

Eh bien! qui gagne? qui gagne?

Mlle AUZET.

Chut donc, on joue *misère*.

M. COBARD.

Ah! je vais conseiller madame Dumeurier.

M. CANTOL.

Point de conseil, monsieur Cobard, s'il vous plaît.

Mme DUMEURIER.

Allons, taisez-vous, monsieur Cobard.

M. CANTOL.

Vous y êtes, monsieur Dumeurier... Voilà le deux du *cœur*... Tous les *cœurs* ont passé.

TOUS.

Il y est! il y est!

M. DUMEURIER.

Je vous préviens que c'est la dernière fois que je joue au boston avec vous.

M. COBARD.

Il y a trente ans qu'il dit ça tous les jours, quand il perd au jeu.

M. DUMEURIER.

Eh bien ! vous verrez cette fois. Prêtez-m'en cent, monsieur Cantol, pour payer le coup.

M. CANTOL.

Voilà. Vous m'en devez deux cents maintenant.

M. DUMEURIER.

Comment ! deux cents ?

M. CANTOL.

Ah ! voilà encore une discussion. je vous en ai prêté cent au second tour, après la grande indépendance que vous avez perdue.

M. DUMEURIER.

Je n'ai point perdu de grande indépendance !

M. CANTOL.

Ah! celle-là est forte. Demandez à ces dames.

LES DAMES.

Nous ne nous en souvenons pas.

M. DUMEURIER.

C'est bon, c'est bon ; je vous en dois deux cents. Ah! quelle leçon!... C'est bien la dernière fois que je joue... Je vous en dois deux cents, monsieur Cantol.

M. CANTOL.

Deux cents... sans regret. Une autre fois j'écrirai les dettes sur une mauvaise carte. A vous à donner, mademoiselle Auzet.

Mme DUMEURIER.

Vous venez de la ville, monsieur Cobard?

M. COBARD.

Oui, j'ai profité de la cariole de M. Martin.

Mme DUMEURIER.

Et qu'est-ce qu'on fait à la ville?

M. COBARD.

Il y a toujours les chevaux sur le Cours, à Marseille; ces coquins de chevaux mangent les arbres; on les fait mourir de faim; Brune n'a pas un sou pour les nourrir, et les royalistes ne veulent pas lui vendre leur foin.

M. CANTOL.

Boston !

Mlle AUZET.

Il n'y en a que pour lui.

M. DUMEURIER.

La couleur?

M. CANTOL.

A la préférence.

Mme DUMEURIER.

Toujours à la préférence. Monsieur Cobard, et les mamelouks? Il y a toujours des mamelouks sur le Cours?

M. COBARD.

Ah! les brigands! ils ont des moustaches comme cela; et des mines !

Mlle AUZET.

Oh ! ne parlez pas de ces gens ; ils me font peur la nuit quand je rêve.

M. COBARD.

Je viens de faire baisser les yeux à un, au grand, qui a un chapeau pointu, vous savez, celui que j'ai pris à tic..... Servez *carreau*, madame Dumeurier.

Mme DUMEURIER.

Oh ! vous vous compromettrez, vous, quelques jours ils vous guillotineront.

M. COBARD.

A propos de guillotines, il y a un menuisier de Castellanne qui en a fait vingt-sept.

TOUS.

Ah ! mon Dieu !

M. COBARD.

Vingt-sept. C'est un de mes amis qui les a vues ; elles sont dans une cour.

M. CANTOL.

Vous me coupez mon *as*, mademoiselle Auzet!

Mlle AUZET,

Eh! je n'ai pas de cœur; je renonce,.... Vingt-sept guillotines !

M. CANTOL.

Alors j'ai perdu : je comptais sur cet *as*.

M. COBARD.

Il y en a trente-six de commandées pour le 15 août. C'est M. Anglès qui les a commandées.

Mme DUMEURIER.

Encore ce brigand de jacobin !

M. DUMEURIER,

Chut donc, Marie! chut!.. ne parle pas si fort.

M. CANTOL.

Ah! vous êtes bien imprudente, madame Dumeurier. Payez-moi le coup, c'est vingt-quatre, à la préférence... et j'ai les *honneurs*.

M.me AUZET.

Mais vous aviez dit que votre *as* coupé vous fesait perdre ?..

M. CANTOL.

Oui, mais j'ai fait une dame de *trèfle* troisième.

M.me AUZET.

Il se raccroche à tout !

M. CANTOL.

Ne parlez pas si haut, *bone Jesu*, madame Dumeurier ; surtout de notre voisin.

M.me DUMEURIER.

Faut-il être malheureux d'avoir un voisin de campagne comme celui-là ! tenez, regardez par la fenêtre ; il est là sur sa terrasse... ce vieux patriote... il a un bonnet blanc le coquin !

M. DUMEURIER.

Chut ! chut !

M.lle AUZET.

Est-ce que vous avez peur qu'il vous entendo? je le lui dirai sur le nez, moi qui ne suis qu'une femme.

M. DUMEURIER.

C'est à vous à donner, monsieur Cantol. Dernier tour qui commence.

M. CANTOL.

Nous ferons un tour de grâce, pour ces dames qui perdent.

M. COBARD.

Attendez, je vais lui faire une farce à ce coquin d'Anglès.

M. CANTOL, se levant.

Monsieur Cobard, si vous êtes fou, allez vous promener à la Pinède et laissez-nous tranquilles. Ces dames ne sont plus au jeu depuis que vous êtes arrivé; vous serez cause qu'on me fera fermer mon église.

Mlle AUZET.

Moi, je le voudrais qu'on vous fît fermer votre église, nous aurions la réserve ici comme dans le temps de la terreur; je sais une *cache*, monsieur Cantol, où ils seraient bien fins s'ils vous trouvaient.

M. CANTOL.

Bien, bien... huit levées.

Mme DUMEURIER.

Ah! il a encore donné!

M. DUMEURIER.

La couleur.

M. CANTOL.

A la préférence.

Mlle AUZET.

Oh! çà!

M. CANTOL.

Tiens, j'ai les quatre *as*; misère royale! je n'y fesais pas attention! tour double! c'est quarante-huit...

Mlle AUZET.

Oh! il n'y a pas de plaisir avec ce saint homme-là; toujours les *as*, quand il donne!

Mme DUMEURIER.

Il dit que c'est la providence qui les lui envoie : *la main du prêtre bénit la table et le jeu!* comme dit l'*étranger*.

M. COBARD.

Ah! l'*étranger*, y a-t-il long-temps qu'il n'est venu?

Mme DUMEURIER.

Hier soir. Nous l'attendons à souper aujourd'hui.

M. COBARD.

Il vient toujours déguisé?

Mlle AUZET.

Oh! toujours, et de nuit; vous savez qu'on a donné son signalement à tous les gendarmes.

M. CANTOL.

Pas si haut, pas si haut, mademoiselle Auzet; vous voulez donc passer pour une vierge folle?

Mlle AUZET.

Mon Dieu, mon Dieu! mais qu'est-ce qui peut m'entendre ?

M. CANTOL.

Votre voisin; à la campagne on entend tout d'une lieue. Il n'y a pas deux cents pas d'ici au premier figuier de ce...

Mme DUMEURIER.

Oh! il est toujours sur sa terrasse... Il lit les papiers... Quels papiers il doit lire ce coquin!... Il regarde de ce côté... Il met le pavillon de la nation à sa *Bigue*.

M. COBARD,

Il faut que j'aille lui brûler son pavillon cette nuit.

M. CANTOL.

Allons, faites encore cette bêtise.

M. DUMEURIER.

C'est un enragé ce M. Cobard.

M. COBARD.

Oh! s'il y avait cent hommes décidés comme moi, à la ville, vous verriez demain le drapeau blanc. Mais ce sont tous des poules mouillées. M. le comte de*** se donne une peine d'enfer pour arranger quelque chose...

M. CANTOL.

Laissez-le faire, laissez-le faire, il est plus adroit que vous, celui-là.

M. COBARD.

Oui, c'est un homme de tête, un bon royaliste, riche, et qui donne hardiment son argent; mais il a disparu depuis quinze jours, et on ne sait où il est allé.

Mlle AUZET.

Il est allé au rencontre du duc d'Angoulême, qui doit débarquer à Montredon, le jour de Saint-Jean.

Mme DUMEURIER.

Ah! grand saint Jean!

M. DUMEURIER.

Vous êtes des bavardes.

M. COBARD.

Oh! il n'y a pas d'indiscrétion, monsieur Dumeurier; il y a un mois que je sais que le duc d'Angoulême doit débarquer avec cinquante mille Anglais. Je vous en apprendrais bien d'autres, si je voulais ; je sais tout.

M. CANTOL.

Eh bien! gardez tout, et laissez-nous faire nos comptes.

Mlle AUZET.

C'est fini?

M. CANTOL.

Fini. Nous avons fait deux tours de grâce.

Mme DUMEURIER.

Allons, encore un tour.

M. CANTOL.

Je ne puis pas, il faut que je dise *Matines et Laudes* avant souper. J'ai laissé mon bréviaire dans votre chambre, madame Dumeurier, dites à Claire d'aller le chercher. J'en gagne sept cents. A quelle heure le souper, madame Dumeurier?

Mme DUMEURIER.

A neuf heures, nous attendons l'*étranger*.

M. CANTOL.

Appelez-moi si je suis dans la campagne.
(Il sort.)

LES PRÉCÉDENS.

M. COBARD.

C'est un homme insupportable !

Mlle AUZET.

Et il gagne toujours.

M. COBARD.

Et poltron ! ah !... j'avais beaucoup de choses à vous dire, mais j'ai fermé la bouche...

Mme DEMEURIER.

Voyons, voyons, contez-nous ce que vous savez... asseyons-nous et fermons les fenêtres.

M. COBARD.

D'abord, il y a en ville des lettres de Paris...

TOUS (excepté Dumeurier).

Ah! voyons, voyons.

M. COBARD.

Ça va bien! l'armée s'est révoltée contre Bonaparte, et a crié *vive le roi!* ceci est sûr, un de mes amis a lu la lettre.

Mᵐᵉ DUMEURIER.

Je l'avais prédit.

Mˡˡᵉ AUZET.

Après, après.

M. COBARD.

Alors Bonaparte a donné sa démission; ses soldats l'ont pris, l'ont mis dans une cage, et on l'a pendu à la porte de Paris (1).

Mᵐᵉ DUMEURIER.

Ah! le doigt de Dieu!

Mˡˡᵉ AUZET.

Il est pendu enfin!

Mme DUMEURIER.

Je l'avais prédit; vous devez vous en souvenir, monsieur Cobard, je vous ai dit là sur la terrasse dimanche après Vêpres, Bonaparte sera pendu par ses soldats.

M. COBARD.

Je ne m'en souviens pas.

Mme DUMEURIER.

Nous étions à côté du puits, il était sept heures.

M. COBARD.

C'est possible. Écoutez, écoutez encore; Louis XVII arrive demain à Marseille.

Mme DEMEURIER.

Louis XVII, ah! mon Dieu! donnez-moi de l'air.

M. COBARD.

Il y en a même qui disent qu'il est arrivé; moi je ne veux vous conter que des choses sûres. Une demoiselle, une sainte, mademoiselle Françoise, de votre congrégation, a presque vu Louis XVII dans une campagne près Cassis.

Mlle AUZET.

Elle a vu Louis XVII !

M. COBARD.

Elle a vu la campagne où il a passé une nuit.

Mme DUMEURIER, pleurant.

Ah ! je mourrais de joie; que je vous embrasse, monsieur Cobard.

(Ils s'embrassent).

M. COBARD.

A présent regardez bien si toutes les fenêtres sont fermées.

Mme DUMEURIER.

Tout est fermé.

M. COBARD se lève et va examiner les portes et les fenêtres.

Chut ! chut ! voilà le portrait de Louis XVII ! c'est Mlle Françoise qui me l'a prêté.

LES DAMES.

Ah! miséricorde! miséricorde! mon bel enfant! mon bel agneau! pauvre innocent! comme il ressemble à son pauvre père!

(Elles couvrent le portrait de baisers.)

Mlle AUZET.

Oh! prêtez-le-moi pour cette nuit, je vous le rendrai demain!

M. COBARD.

Ayez-en bien soin.

Mme DUMEURIER.

Mais alors qu'est-ce qu'on attend pour mettre le drapeau blanc?

M. COBARD.

On attend... on attend que le duc d'Angoulême débarque, ou Louis XVII.

Mme DUMEURIER.

Alors s'ils débarquent demain?

M. COBARD.

Demain nous aurons le drapeau blanc.

Mlle AUZET.

Demain! ah! je ne dormirai pas cette nuit, je vais faire un drapeau blanc.

Mme DUMEURIER.

Notre coquin de voisin ne s'attend pas à ce coup-là.

M. COBARD.

Oh! celui-là son compte est fait.

M. DUMEURIER.

Ah! mon Dieu!

M. COBARD.

Nous lui apprendrons à faire des guillotines.

Mme DUMEURIER.

Moi je ne voudrais pas qu'on le tuât ici.

Mlle AUZET.

On le tuera où le bon Dieu voudra; c'est un coquin.

M. DUMEURIER.

Et son ami le mamelouck, l'Égyptien?

Mᵐᵉ DUMEURIER.

Et qui jure comme un payen.

Mˡˡᵉ AUZET.

Et qui a une jambe de bois.

M. COBARD.

Nous lui casserons l'autre.

Mˡˡᵉ AUZET.

Oh! ce sera une punition de Dieu!

M. DUMEURIER.

Avec cela, ce coquin d'Anglès n'a pas la mine d'un coquin.

M. COBARD.

Oui, fiez-vous à cette mine! et puis vous ne l'avez jamais regardé de près, vous madame Dumeurier.

Mᵐᵉ DUMEURIER.

Non.

M. COBARD.

Il a deux yeux de sabreur.

Mˡˡᵉ AUZET.

Ah! sainte Vierge des Accoules!

M. DUMEURIER.

Il a d'assez beaux cheveux blancs.

M. COBARD.

Ah! que dites-vous là? des cheveux blancs, un monstre comme ça!

Mᵐᵉ DUMEURIER.

Qui a un pavillon tricolore qui ne finit plus!

M. DUMEURIER.

Oui, oui, mais ça n'empêche pas qu'il n'ait de beaux cheveux blancs comme un patriarche de la Bible.

Mᵐᵉ DUMEURIER.

Eh! ne dis pas ça, Dumeurier, ne dis pas ça, tu me donnerais des attaques. C'est un patriote de quatre-vingt-neuf.

M. COBARD.

C'est celui-là qui a fait du mal dans la terreur.

Mˡˡᵉ AUZET.

Il a fait les cent coups.

M. DUMEURIER.

C'est un coquin, mais je croyais qu'il n'avait pas fait de mal dans...

Mme DUMEURIER.

Ce brigand! avec son drapeau! il n'a pas fait de mal!

M. COBARD.

C'est un buveur de sang.

Mlle AUZET.

Voilà M. Cantol qui rentre, il a déjà dit son office.

(Entre M. Cantol.)

M. CANTOL.

Eh bien! on ne soupe pas encore.

Mme DUMEURIER.

Nous attendons les amis.

M. CANTOL.

Les amis tardent bien ; si nous fesions un petit boston en attendant.

Mme DUMEURIER.

Il est encore là avec son boston! asseyez-vous ici, monsieur Cantol, nous parlions du voisin.

M. CANTOL.

Ah! le payen! on ne l'a jamais vu à la messe!

Mlle AUZET.

Oui, pas même le saint jour de Pâques!

M. CANTOL.

Pas même le jour de Noël. Il dit qu'il se moque de la messe. C'est un athée, un Helvétius!

M. COBARD.

Et un buveur de sang.

M. CANTOL.

Aussi.

Mlle AUZET.

Oh! si celui-là n'est pas damné!

M. CANTOL.

Il est dans l'impénitence finale jusqu'au cou.

M. DUMEURIER.

Il se convertira peut-être... Il ne faut qu'un bon acte de contrition.

M. CANTOL.

Oui : il passe toujours devant l'église sans ôter son chapeau. Il est excommunié de droit, *jure*, comme on dit en théologie.

Mlle AUZET.

Miséricorde ! excommunié ! et son Égyptien aussi, son mamelouck ?

M. CANTOL.

Eh ! il adore les faux dieux... les idoles d'Égypte, *simulacra gentium*.

Mme DEMEURIER.

Quel abominable voisin ! moi je tremble toujours quand il fait des tonnerres ; j'ai peur que le tonnerre ne se trompe de maison ; nous sommes si près de ces deux coquins. Savez-vous, j'ai fini mon eau pascale, et j'ai usé, aux Rogations, ma dernière bougie de la Chandeleur ; elle était bordée de vert, ce sont les meilleures contre les tonnerres. Comment allons-nous faire à présent ? Nous sommes dans quelques jours à sainte Anne, c'est un jour de tonnerre. M. Cantol, envoyez-nous un grain d'encens du cierge pascal, et une bougie du *lumen Christi* du samedi saint.

M. CANTOL.

Je vous l'enverrai par le clerc demain ; c'est vingt-huit sous pour les deux.

Mme DUMEURIER.

Ah ! que j'ai bien envie de voir toutes ces affaires s'arranger; nous irons à la ville, et nous ne verrons plus ces deux monstres.

M. CANTOL.

Madame Dumeurier, nous souperons demain : aujourd'hui vos amis nous ont oubliés. Voilà votre mari qui dort ; nous aurions eu le temps de faire un petit boston.

Mlle AUZET.

La chienne aboie, chut ! voici quelqu'un.

(M. Dumeurier se réveille. Ils se lèvent tous. Entre Claire.)

CLAIRE.

Voici deux paysans.

M⁽ᵐᵉ⁾ DUMEURIER.

Bien! la table est-elle mise?

CLAIRE.

Oui, madame, il y a trois heures, et tout est brûlé. (Elle sort.)

M. CANTOL.

C'est ça, tout est brûlé.

M⁽ˡˡᵉ⁾ AUZET.

Ah bien! à la campagne comme à la campagne.

M. COBARD.

C'est l'*étranger* et son fils.

M⁽ᵐᵉ⁾ DUMEURIER.

Oui.

M. CANTOL.

Fermons bien les portes quand ils seront entrés.

M. COBARD.

Je suis fâché qu'il ait amené son fils avec lui.

Mlle AUZET.

Oh! ne dites pas, monsieur Cobard; son fils est un saint.

M. COBARD.

Oui, oui, c'est un brave garçon, mais il n'est pas dégourdi, et je le crois un peu poltron.

Mme DEMEURIER.

Chut! chut!

M. CANTOL.

M. Cobard a raison; ces imbécilles-là comme Joachim sont dangereux; ils vous compromettent.

Mlle AUZET.

Ne craignez rien, ne craignez rien, c'est toute l'image de son père; il est modeste le pauvre enfant; il est timide comme une carmélite, mais c'est un bon chrétien, un bon fils, un brave royaliste; son père lui a donné une bonne éducation, il ne pouvait pas avoir de meilleur maître.

M. CANTOL.

Moi, il m'a toujours fait l'effet d'un imbécille.

Mme DUMEURIER.

Oui, mais que son père ordonne à cet imbécille d'aller jeter notre payen de voisin dans sa citerne, une pierre au cou, vous verrez si on désobéira.

M. DUMEURIER.

Ce n'est pas ce qu'il ferait de mieux.

M. CANTOL.

On doit toujours obéir à son père.

Mme DUMEURIER.

Moi, je n'ai dit ça que pour comparaison.

Mlle AUZET.

L'*étranger* ne peut donner que de bons conseils à son fils. L'*étranger* est un saint; il est doux comme François de Salles; c'est un homme retiré du monde, qui dit son office comme un diacre, fait la chapelle dans sa chambre, et s'amuse au jardinage pour sa petite récréation; c'est un chartreux; il aime les fleurs comme saint Philippe de Néry : preuve d'un bon naturel. Et puis il couche sur la dure, et il a un cilice, je le sais.

Mme DUMEURIER.

Bien, ma sœur, voilà qui est parlé !

M. CANTOL.

Pendant que vous vous échauffez là toutes deux, notre souper continue à se brûler; nous mangerons du charbon.

Mme DUMEURIER.

Bah ! je me moque bien du souper !

M. CANTOL.

Il fallait me dire cela il y a deux heures; j'étais invité chez M. Godeau ce soir; il a une cuisinière celui-là qui ne laisse jamais brûler un souper.

Mlle AUZET.

Oui, mais qui n'a pas fait ses Pâques, cette année.

M. CANTOL.

C'est possible; mais je n'ai jamais mangé de meilleures tourtes que chez M. Godeau.

Mme DUMEURIER.

Ah! vous êtes bien indévot pour un prêtre, monsieur Cantol. Quand on vous voit dans la chaire de vérité, on vous donnerait le bon Dieu sans vous confesser; mais au boston et à la table vous êtes pire que Nabuchodonosor.

M. CANTOL.

Bien : venez me demander l'absolution, samedi prochain, je vous attends, mes pénitentes.

M. COBARD.

Voilà *l'étranger!* voilà *l'étranger!* j'entends son pas.

LES PRÉCÉDENS, L'ÉTRANGER déguisé en paysan provençal, JOACHIM son fils, même costume ; ils portent, en bandoulière, un fusil de chasse.

L'ÉTRANGER (il touche la main à tous).

Bon soir, bon soir, braves gens.

Mme DUMEURIER.

Vous venez bien tard ; nous étions en peine.

L'ÉTRANGER.

Ah! les affaires, les affaires, que voulez-vous ? nous travaillons beaucoup.

Mlle AUZET.

Asseyez-vous un instant, vous devez être bien fatigué.

L'ÉTRANGER.

Moi! bah! j'en ai vu bien d'autres.

Mme DUMEURIER.

Avez-vous appétit? avez-vous soif?

L'ÉTRANGER.

Comme ça, non ; mais je mangerai un morceau debout.

M. CANTOL.

Comme les Israélites.

L'ÉTRANGER.

Oui debout, il faut que je parte dans une demi-heure.

M. DUMEURIER.

Vous ne couchez donc pas ici ce soir?

L'ÉTRANGER.

Non... je coucherai à la belle étoile, à la garde de Dieu.

Mme AUZET.

C'est un saint.

L'ÉTRANGER, à son fils.

Joachim, as-tu faim toi?

JOACHIM.

Oui, père.

Mme DUMEURIER.

Quelle soumission... Eh bien! venez, venez, Joachim, nous vous tiendrons compagnie; voyons qui soupe avec nous?

M. CANTOL.

Mais moi je soupe... Allons voir ce souper qui est brûlé. Vous ne venez pas, messieurs?

M. DUMEURIER ET M. COBARD.

Non, nous souperons plus tard.

Mlle AUZET.

Moi je n'ai pas faim.

(Joachim, M. Cantol, Mme Dumeurier, sortent.)

M. COBARD.

Eh bien ! notre brave ami, où en sommes-nous?

L'ÉTRANGER.

C'est pour demain.

M. COBARD.

Nous le savions.

L'ÉTRANGER.

Êtes-vous prêts, vous autres?

Mlle AUZET.

Je vais passer la nuit à faire un drapeau blanc.

L'ÉTRANGER.

Avez-vous des armes... vous... les hommes?

M. DUMEURIER.

Moi, j'ai mon fusil de chasse.

Bon pour les chardonnerets... et vous, Cobard?

M. COBARD.

Moi... soyez tranquille, j'ai ce qu'il me faut.

L'ÉTRANGER.

Et qu'est-ce qu'il vous faut?

M. COBARD.

J'ai...

L'ÉTRANGER.

Allons, vous n'avez rien.

Mlle AUZET.

Moi, je prierai Dieu pour vous.

L'ÉTRANGER.

... Ah! ça vaut mieux que les armes de M. Cobard : oui, priez Dieu pour moi; vous m'aviez promis une neuvaine.

Mlle AUZET.

Je dis le rosaire tous les soirs à votre intention, c'est six fois plus long que le chapelet.

L'ÉTRANGER.

Bien, bien. Il me faut le secours des bonnes âmes.

M. CANTOL, M⁵ DUMEURIER, entre avec précipitation. JOACHIM les suit nonchalamment et mange.

MME DUMEURIER.

Nous sommes perdus ! nous sommes perdus !

(L'*étranger* va lentement prendre son fusil, dans un des angles de la cheminée. L'effroi est au comble dans le salon.)

Nous sommes perdus ! il y a quelque mauvaise nouvelle de Paris. On tire des fusées sur l'aire de notre brigand de voisin... n'ouvrez pas les fenêtres, n'ouvrez pas.

(L'*étranger* éteint les deux flambeaux, et entr'ouvre une croisée.)

MLLE AUZET.

Comme ça, nous ne risquons rien.

L'ÉTRANGER (les yeux dans la campagne ; on se groupe autour de lui. Joachim mange toujours. On entend dans le lointain chanter la *Marseillaise*.)

Oh ! chantez, chantez, brigands... ils allument un feu sur la terrasse.

M. CANTOL.

C'est le feu de la Saint-Jean.

Mme DUMEURIER.

Pardi pas nous ne tenons que vingt-deux, Saint-Jean est le vingt-quatre, et puis ils se moquent bien de saint Jean, ces payens, c'est quelque feu de bonne nouvelle.

L'ÉTRANGER.

C'est pour se f... de nous, je crois, qu'ils font leurs farces.

Mlle AUZET.

Ah! mon Dieu, il jure, ce saint!

M. CANTOL.

C'est permis dans ce cas.

L'ÉTRANGER.

Ces Bonapartistes! ils chantent!... Joachim, ici.

JOACHIM, laisse tomber son pain.

Oui, père.

L'ÉTRANGER.

Écoute; tu vois bien ce vieux qui regarde le feu... là, devant le cerisier.

JOACHIM.

Oui, père.

L'ÉTRANGER.

On dirait que tu le touches avec la main.

JOACHIM.

Oui, père.

L'ÉTRANGER.

Il n'y a pas deux cents pas d'ici au cerisier.

JOACHIM.

Oui, père.

L'ÉTRANGER.

Eh bien! tu me comprends.

JOACHIM.

Oui, père.

(Il fait le signe de la croix, prend son fusil, et l'arme. Tous, excepté l'*étranger*, se précipitent sur lui pour l'empêcher de faire feu.

M. DUMEURIER.

Mais vous avez perdu la tête, voyez ce grand benêt! est-ce qu'il n'allait pas tirer?

L'ÉTRANGER.

C'était pour rire seulement; me prenez-vous pour un fou?

M. CANTOL.

Si vous aviez un fusil à vent, encore passe?

M. COBARD.

Ah ! c'est bien commode les fusils à vent !

Mme DUMEURIER.

Quelle peur vous m'avez donnée, saint homme !

Mlle AUZET.

Pas à moi.

L'ÉTRANGER.

Allons, vous êtes tous des............

(Mme Dumeurier rallume les flambeaux.)

..... Mais il ne m'échappera pas le brigand. ... Qu'il tremble ! j'ai une petite dent de lait contre lui depuis long-temps.... Il a voulu piller ma campagne.

Mlle AUZET.

Voyez donc ! un homme riche comme ça !

L'ÉTRANGER.

Oh ! riche, riche... et de quel argent? je le

sais moi de quel argent ; de l'argent des braves royalistes qu'il a fait guillotiner. Il faudra bien qu'il retourne aux pauvres cet argent...

M. CANTOL.

Il faudra l'obliger à cette restitution...

L'ÉTRANGER.

C'est mon affaire. Il voulait me piller, moi ! jusque moi ! ce voleur de la Sambuque...

Mlle AUZET.

Eh ! qu'est-ce qu'il aurait trouvé chez vous, pauvre homme ?

L'ÉTRANGER.

Rien ; pas une épingle ; mais c'est égal, il voulait venir piller... c'est son paysan qui me l'a dit. Eh ! ne suis-je pas un chien à présent? un chien enragé que tout le monde peut tuer, voler, assassiner ? Est-ce que ce brigand de votre voisin n'a pas donné mon signalement à Brune? est-ce que tous les gendarmes ne sont pas à ma poursuite?... Ah! scélérat, tu ne la porteras pas en enfer celle-là!... tu ne tireras pas de fusées demain à cette heure!... allez vous coucher, mes amis, et bonne nuit... demain sera un grand jour... après-demain matin nous irons chanter le *Salve Regina* à notre Dame de la garde ; moi pieds nus avec mon fils, c'est un vœu. Nous prierons pour l'ame d'Anglès.

M. CANTOL.

C'est une pieuse et salutaire pratique de prier pour les morts.

L'ÉTRANGER.

Bonne nuit... Joachim, ici. Bonne nuit, braves gens. Nous avons trois lieues à faire dans les montagnes. Priez pour nous. A demain au soleil tramont.

M. CANTOL.

Allons finir de souper. J'ai été bien malheureux aujourd'hui en souper.

M. COBARD.

Plus qu'un jour à souffrir, monsieur Cantol.

M``me`` AUZET.

Je vais faire mon drapeau blanc.

(Ils rentrent tous en échangeant des adieux.)

SCÈNE II.

L'hôtel du maréchal Brune à Marseille.

25 juin.

LE MARÉCHAL, LES GÉNÉRAUX VERDIER ET MOUTON DUVERNET. Des aides de camp.

LE MARÉCHAL.

Oui, c'est la volonté de l'empereur : dans les momens de calme et de soumission, justice, douceur, oubli du passé, administration paternelle; dans les momens d'insubordination, de révolte bourgeoise, répression instantanée, terreur même par des moyens innocens. A des parodies de la Vendée, il faut répondre par des parodies de la terreur; voilà notre plan de campagne.

LE GÉNÉRAL VERDIER.

Il vaudrait mieux être sur le Rhin qu'ici, maréchal.

LE MARÉCHAL.

Pourquoi? C'est un poste d'honneur aussi : ne sommes-nous pas aux frontières maritimes? L'amiral Nill peut débarquer cette nuit à deux lieues avec dix mille hommes; on vient de me signaler sa flotte; nous avons, pour lui résister, mille hommes d'infanterie légère et deux cents cavaliers. Je ne crois pas que la part de gloire soit plus belle sur le Rhin.

LE GÉNÉRAL MOUTON.

D'ailleurs, en cas de débarquement, il faudrait bien encore diminuer notre petite armée en laissant un corps de réserve en ville ; ôtez la garnison une heure, et l'insurrection éclate.

LE MARÉCHAL.

Oh ! c'est infaillible; jusqu'à présent nous n'avons essuyé que des taquineries de bourgeois des mutineries d'écoliers, des vaudevilles de halle; les quatre pièces de canon sans poudre, et mèche allumée, braquées sur le Cours, en imposent au peuple; les cavaliers du quatorzième sont un grand épouvantail aussi : les chevaux effraient toujours dans les villes où il n'y a jamais garnison de cavalerie; mais si nous sommes obligés de porter toutes ces petites forces sur le rivage, à deux lieues d'ici, nous nous plaçons sur l'heure entre deux feux. Il y a dans les montagnes quatre mille hommes armés qui n'attendent qu'une occasion pour descendre en ville; que faire à tout cela? C'est une position délicate; l'empereur a besoin de tous ses régimens; notre garnison est déjà beaucoup trop nombreuse en raison des dangers de la France. Au surplus, nous avons toujours la ressource des vieux soldats : nous crierons *Qui vive!* et nous tomberons après.

LE GÉNÉRAL MOUTON.

Crier *qui vive* devant l'ennemi et tomber après, ce n'est rien ; mais la guerre civile ! la guerre civile !

LE GÉNÉRAL VERDIER.

Ah ! maréchal, voilà l'horrible !

LE MARÉCHAL. (Il se promène quelque temps les bras croisés et la tête baissée.)

Je le sais comme vous... et la guerre civile peut commencer avant que cette aiguille soit sur midi..... Elle est commencée peut-être dans la vieille ville... Qui sait?... Oh! le sang dans les rues est horrible à voir!... Aussi pourquoi ce diable de peuple s'est-il engoué de ses Bourbons ! Je ne comprends pas cette épidémie de royalisme..... Sont-ils furieux contre l'empereur !

LE GÉNÉRAL MOUTON.

L'empereur a négligé cette ville, et...

LE MARÉCHAL.

L'empereur n'a rien négligé... Ce pays ne

l'aime pas ; il n'aime pas ce pays ; voilà tout.

LE GÉNÉRAL VERDIER.

Remarquez, maréchal, que la guerre maritime porte ici un coup mortel au commerce. Ici, ils aiment les Bourbons comme la représentation vivante de la paix et de leur industrie ; le pavillon tricolore est comme une chaîne de fer qu'ils jettent à l'entrée du port

LE MARÉCHAL.

Inde iræ. C'est tout le contraire à deux pas d'ici, à Toulon : qu'y faire encore? quand les intérêts commerciaux se contrarient, il faut administrer pour le bonheur du plus grand nombre, et négliger les exceptions. C'est ce que fait l'empereur. Mais nous ne sommes pas ici pour remonter aux causes ; il faut voir les effets isolément, et agir en aveugles, d'après les ordres reçus d'en haut.

LE GÉNÉRAL VERDIER.

Maréchal, avez-vous reçu quelques bonnes dépêches aujourd'hui?

LE MARÉCHAL.

La campagne s'annonce bien; l'armée est pleine d'enthousiasme, décidément l'Autriche est pour nous; ou je me trompe fort, ou l'empereur a battu les Prussiens, et couche à Bruxelles ce soir. Au premier bulletin reçu je fais tirer cent coups de canon, et nous allons chanter un *Te-Deum* à la cathédrale. Cela fera du bien à l'opinion.

LE GÉNÉRAL MOUTON.

Je ne crois pas que le clergé fasse chorus avec nous à ce *Te-Deum*.

LE MARÉCHAL.

Ah! ce diable de clergé! c'est lui qui fait la moitié du mal : pourtant son commerce va toujours; les prêtres n'ont pas de vaisseaux qui pourrissent dans le port; l'Angleterre ne bloque pas leurs enterremens et leurs baptêmes; ils n'ont pas de comptoirs dans leurs sacristies. S'ils craignent que l'empereur, qui a ouvert leurs Églises, ne les ferme aujourd'hui, eh bien! au moins qu'ils attendent que ce malheur soit arrivé pour se plaindre; en se plaignant avant le mal, ils s'exposent à le subir plus tôt. Ces gens-là tuent la religion.

LE GÉNÉRAL MOUTON.

Ces gens-là se plaignent tant qu'ils ne gouvernent pas.

LE MARÉCHAL.

Oui, on peut leur appliquer le vers de *Britannicus* :

Mais si vous ne régnez, vous vous plaignez toujours!

LE GÉNÉRAL MOUTON.

C'est cela.

LE GÉNÉRAL VERDIER.

Maréchal, midi sonne, avez-vous quelques ordres à nous donner?

LE MARÉCHAL.

Non, général; continuez le même régime à cette pauvre ville malade; il faut trois choses, douceur, douceur, et encore douceur ; nous sommes assez forts pour être modérés. Si j'ai besoin de vous, vous serez averti sur-le-champ.

(Le général Verdier sort.)

LE GÉNÉRAL MOUTON.

Je puis me retirer aussi, maréchal, j'ai ma revue à une heure.

LE MARÉCHAL.

Ah! oui la revue! il ne faut pas négliger les revues; dites aux capitaines de mettre les visages sévères à l'ordre du jour; beaucoup de sérieux et de gravité en défilant; les cavaliers, sabre au poing, poitrine en avant, l'œil animé, comme pour une charge. Faites grâce aux bourgeois de la *Marseillaise* aujourd'hui; cela les irrite quoique ce soit un chant compatriote; ne les irritons pas pour si peu; qu'on joue des airs de *Cendrillon* et de la *Vestale*, les royalistes battront la mesure du pied et de la main : si quelque mutinerie éclate, alors je vous le répète, une terreur de grimaces, une parodie de terreur. S'il faut faire des charges au galop, choisissez les rues désertes. Adieu, général.

(Le général Mouton sort.)

LE MARÉCHAL, seul.

Peut-être qu'un jour la tranquillité reviendra : Dieu le fasse! au moins n'ayons point de regrets... c'est une partie difficile à jouer ; tâchons de faire le moins de fautes possibles... les remords sont les fils des grandes fautes... mais avec une population volcanisée comme celle-ci... Ah! mon Dieu! mon Dieu!..
(Il appelle, en dehors.) Vincent !

(Entre un aide-de-camp.)

Portez cet ordre au capitaine d'artillerie..
(Il donne un pli à l'aide-de-camp, qui sort.)

Voici une amélioration, je vais débarrasser la place publique de cet attirail de canons qui consterne la ville. Ce soir les boutiques vont se r'ouvrir.

Entre ANGLÈS,

LE MARÉCHAL.

Ah! vous allez approuver mes mesures, monsieur Anglès...

(Ils se serrent cordialement les mains.)

Ce soir vous ne verrez plus de batterie sur le Cours, je la fais enlever.

ANGLÈS.

Très bien, maréchal, je vous félicite de la mesure; ce soir, au souper, la ville dira du bien de vous.

LE MARÉCHAL.

La ville ne m'aime pas trop, je le sais; Mouton et Verdier sont en faveur eux dans les beaux quartiers; Mouton est un homme charmant qui va dans le monde lui; il chante *Partant pour la Syrie* aux dames royalistes avec une voix délicieuse, et on lui pardonne sa cocarde en faveur de son amabilité de salon. Moi qui ne chante pas, et qui reste dans ma tente, je subis les inconvéniens de ma haute position. Je suis un tigre, un Robespierre, un buveur de sang, et même un monstre qui a porté la tête de la princesse Lamballe ; vous savez que c'est le crime banal dont les royalistes ont déjà chargé cent personnes au moins; c'est à mon tour aujourd'hui. Ces bonnes gens ! je parie que pas un d'eux ne serait mon ennemi demain, s'il pouvait causer aujourd'hui cinq minutes avec moi.

ANGLÈS.

Oh ! c'est bien sûr, maréchal.

LE MARÉCHAL.

Mais je ne puis pas appeler en détail une population en audience particulière ; et d'ailleurs il faut que je garde mon atmosphère de terreur, plutôt dans leur intérêt encore que dans le mien. Quand on ne veut pas en-

sanglanter les villes folles, il faut les effrayer.
C'est que c'est un pays bien singulier celui-
ci ! Marseille se croit toujours ville indépen-
dante ; elle s'égare avec le souvenir confus de
ses vieilles traditions, de ses vieilles franchi-
ses ; elle vit même à son insu sous l'influence
du passé. La France n'est rien pour les Marseillais; ils sont la France, eux; s'ils s'insurgent
aujourd'hui contre notre garnison, et qu'ils
soient vainqueurs, ils n'ont pas l'air de se
douter que demain quatre régimens peuvent
accourir pour étouffer la rebellion ; ils s'ima-
ginent que le destin de Louis XVIII est en leurs
mains, et qu'une petite victoire de carrefour
peut r'ouvrir les Tuileries aux Bourbons. Il
y a sans doute du beau, du louable dans cette
confiance individuelle, dans cette étourderie
de dévouement ; je l'aime, tant qu'elle ne se
manifeste pas ; mais mon devoir sacré est d'en
prévenir la folle explosion. Que pensez-vous

de ce jugement, mon cher avocat, vous qui êtes ancien dans le pays?

ANGLÈS.

Bien jugé, maréchal, sans flatterie.

LE MARÉCHAL.

Eh! les patriotes de 89 ne flattent pas; ils ne feraient pas leur coup d'essai sur un maréchal de l'empire. Ah! çà, quand serez-vous tout-à-fait des nôtres, monsieur le républicain?

ANGLÈS.

Quand Napoléon nous reviendra.

LE MARÉCHAL.

Ce sera bientôt... Une bonne victoire, encore un Austerlitz, et nous aurons un empereur constitutionnel. Mais il faut l'Austerlitz d'abord.

ANGLÈS.

Oh! avant tout la gloire de la France! le despotisme plutôt que l'invasion.

LE MARÉCHAL.

Eh bien ! nous voilà d'accord.

ANGLÈS.

J'ai offert de prendre les armes, et de partir en poste pour la frontière ; j'aurais prêté serment de fidélité à Napoléon, à l'empereur absolu, et cela de tout mon cœur ; mais on m'a dit que les engagemens des septuagénaires n'étaient pas reçus.

LE MARÉCHAL.

Je sais cela. Vous êtes un citoyen, vous.

ANGLÈS.

Eh ! j'aurais mis volontiers un shako sur mes cheveux blancs. Mais si les Anglais débarquent, maréchal, vous savez que je suis engagé pour l'avant-garde.

LE MARÉCHAL.

C'est convenu ! mais à vous dire vrai ce ne sont pas les Anglais que je crains ici. Il ne me vient point de mauvaises nouvelles de mer; ce sont nos montagnes qui m'inquiètent.

ANGLÈS.

On grossit peut-être les rapports qu'on vous fait, maréchal; les imaginations de ces compatriotes sont vives, et l'hyperbole est la figure favorite du pays...

LE MARÉCHAL.

Aussi je retranche toujours la moitié du tableau dans les rapports qu'on me fait; eh bien! l'autre moitié suffit encore pour être allarmante. Au reste, je ne cesserai de le répéter; ce n'est pas pour nous que je tremble, c'est pour eux. Tout cela ne peut finir qu'avec du sang... Il y a chez eux tant d'irritation et de folie, de confiance aveugle dans leurs oracles de sacristie, de clubs religieux!... Dans les partis éclairés, toute nouvelle favorable qui leur tombe comme du ciel, n'est pas accueillie avec enthousiasme; on la commente de sang-froid, on discute sur son plus ou moins de vraisemblance, on se tient sur un doute, de prudence et de raison ; mais chez les royalistes tout conte absurde a un caractère officiel dès qu'il caresse leurs espérances et leur opinion. Ce sont des gens ainsi faits : comme ils se croient perpétuellement l'objet exclusif des attentions de Dieu, ils ne mettraient pas même en doute une nouvelle miraculeuse. C'est ce qui les retient dans cette perpétuelle exaltation si inquiétante pour nous ; ils sont prêts à accueillir, dans le même jour, mille nouvelles successivement démenties les unes par les autres, sans que l'expérience leur apprenne jamais à se tenir en garde contre leurs nouvellistes de clubs et de cafés : et ils peuvent vivre trente ans comme cela ! Si leur cause vient à triompher, c'est toujours justement par des moyens sur lesquels ils n'avaient pas comptés, et que leurs prophètes n'avaient pas prédits... Ils ont aussi une foi entière aux prêtres. Qu'un prêtre dans un moment d'exaltation leur dise, Allez, et ils iront; et voila le feu aux poudres! et les victimes de cette échauffourée inévitable seront de pauvres diables jetés en avant; les machinateurs, les véritables criminels échappent toujours. Ce n'est point ici comme en Espagne, où les nobles paient de leurs personnes, où les prêtres marchent au feu la croix à la main. Ici les prêtres poussent à la révolte, entre les deux grilles du confessionnal; que la bataille arrive, ils resteront chez eux à dormir, ou à faire leur cent de piquet.

ANGLÈS.

Oh! maréchal, on vous a bien irrité contre nos prêtres! ce sont, en général, ici des gens bons et simples, qui n'aiment pas sans doute l'empereur, mais qui se garderaient bien de le dire tout haut, et même tout bas; ils se sont fait une petite vie douce, cloîtrée, sensuelle, mystique, et ils tâchent de la conserver. Quant aux exceptions... (2)

LE MARÉCHAL.

C'est pour les exceptions aussi que je parle... ce sont toujours les exceptions, dans les corps religieux, qui gâtent tout. Je puis vous montrer la liste de nos prêtres conspirateurs; elle est courte, on ne m'en désigne que cinq... Mais ceux-là font du mal pour mille; et pour ne vous en citer qu'un... votre voisin, M. Cantol; il fraye avec tous les chouans; c'est le confesseur du seul homme énergique que nous ayons à craindre, l'*étranger*.

ANGLÈS.

Oh? M. Cantol est un fou.

LE MARÉCHAL.

D'accord; mais ce sont précisément les fous qui sont dangereux la veille des guerres civiles. Je vous l'ai déjà dit, ce fou vous jouera quelque mauvais tour à vous le premier, monsieur Anglès; et sans votre protection de voisin, je l'aurais déjà fait arrêter, lui, l'*étranger*, et cette famille Dumeurier dont la maison est une hôtellerie de chouans... Hier soir encore il y avait club chez eux; l'*étranger* et son fils y sont venus en armes; ah! nous sommes instruit de tout; la police a glissé dans la bande de l'*étranger* un espion adroit et dévoué; ce n'est pas moral, mais c'est l'affaire de la police; voilà le rapport, vous pouvez le lire.

ANGLÈS.

C'est inutile, maréchal.

LE MARÉCHAL.

Mais ce qui ne serait pas inutile, ce serait de prendre vos précautions; ces gens-là vous en veulent; il n'est sorte de calomnie qu'ils ne répandent contre vous; cette irritation peut vous être funeste.

M. ANGLÈS.

Oh ! je suis bien tranquille, mes cheveux blancs me protègent, maréchal; la couronne blanche du vieillard est plus sacrée que celle des rois.

LE MARÉCHAL.

Je vous croirai pourtant plus en sûreté dans l'appartement que je vous ai vingt fois offert ici.

M. ANGLÈS.

Il me faut la campagne : et mon vieux camarade, mon vieux ami Philippe a besoin de moi; c'est un soldat invalide; il nous faut la campagne à tous deux, c'est notre vie, maréchal.

LE MARÉCHAL.

Dieu le fasse !.. mais mon heure de recréation d'après-midi s'est passée à causer; aujourd'hui nous ne lirons rien d'Horace*; il faut que je sois à cheval dans un quart d'heure ; je vais visiter le fort Jean.

M. ANGLÈS.

Vous m'aviez promis de me montrer cette traduction...

LE MARÉCHAL.

Ah! oui celle de l'ode sur la guerre civile: *Quo ruitis, cives*; c'est presque de circonstance...... Le temps m'a manqué pour finir cette ébauche ; les affaires doivent passer avant la rhétorique ; et quelles affaires !.... mon cher Anglès, nous ferons de la littérature quand nous aurons de plus doux loisirs... A propos avez-vous reçu mon petit bulletin hier soir?

---

* Les deux hommes qui ont paru à Marseille dans deux circonstances critiques, et qui ont fait sur le peuple une vive impression, Brune et le brave général Delort, avaient tous deux une affection particulière pour Horace qu'ils ont traduit dans leurs rares loisirs d'orageuse garnison.

M. ANGLÈS.

Oui, maréchal... j'ai brûlé un feu de joie; j'en brûlerai à chaque bonne nouvelle... A la première victoire je donne bal sur ma terrasse.

LE MARÉCHAL.

Oui, mais n'invitez pas vos voisins à ce bal; ils brouilleraient les contredanses par esprit de royalisme... adieu... Si j'ai quelque chose de nouveau ce soir, je vous enverrai une espèce d'estafette...

M. ANGLÈS.

Vous êtes bien bon, maréchal.

LE MARÉCHAL.

A demain... et méfiez-vous de votre voisinage!

(Ils sortent ensemble.)

SCÈNE III.

La terrasse de M. Dumeurier, à la campagne.

(MÊME JOUR A 5 HEURES.)

M. DUMEURIER, M. COBARD.

M. DUMEURIER.

Je ne le veux pas! je ne le veux pas! vous voulez me faire fusiller à la Plaine... avez-vous vu la révolution vous, monsieur Cobard?

M. COBARD.

Moi, la révolution je l'ai vue comme je vous vois, je l'ai vue mieux que vous, j'étais émigré.

M. DUMEURIER.

Vous étiez émigré vous!

M. COBARD.

Oui, à Manosque, après l'entrée de Cartaux; on voulait me couper le cou parce que j'étais lieutenant dans la garde départementale qui marcha contre les Allobroges ; avez-vous marché contre Cartaux, vous ?

M. DUMEURIER.

Cela ne vous regarde pas... mais on a vendu mes marchandises au maximum, et j'ai été ruiné.

M. COBARD.

Comme moi.

M. DUMEURIER.

Comme tous les braves gens... et puis j'ai été dénoncé au citoyen Bon ; et si le neuf thermidor n'était pas venu, je ne serais pas ici ; c'est pour cela, voyez-vous que je veux être prudent; et la prudence est mère de la sûreté; je ne mettrai votre drapeau blanc là, que lorsque je l'aurai vu au balcon de la commune, et voilà.

(Entre Mme Dumeurier et Mlle A....)

M. COBARD.

Arrivez, arrivez, mesdames, M. Dumeurier ne veut pas mettre le drapeau blanc.

Mme DUMEURIER.

Oh! depuis quelque temps mon mari a perdu la cervelle, on ne le reconnaît plus ; je crois qu'il s'est fait bonapartiste.

M. DUMEURIER.

Je me suis fait..... je me suis fait..... vous êtes des femmes vous autres, vous ne voyez pas où vont les extravagances.

Mlle AUZET.

Bonne mère! des extravagances, le drapeau blanc! ah! mon beau-frère, vous avez bien changé depuis que vous fréquentez M. Anglès.

M. DUMEURIER.

Je fréquente Anglès, moi! allons vous êtes folle.

Mlle AUZET.

Enfin, vous lui parlez à M. Anglès!

M. DUMEURIER.

Je lui ai parlé une fois; il y a cent ans; là bas, près du figuier des figues-fleurs.....

M{{lle}} AUZET.

Ah ! vous voyez !

M. DUMEURIER.

Attendez... ce fut pour lui dire : Monsieur Anglès, votre paysan prend toutes mes figues qui tombent dans votre *bien* * ; alors il me répondit : Que voulez-vous que j'y fasse ? voilà cinq francs, donnez-les aux pauvres de la paroisse, ce sera une espèce de restitution; et je pris les cinq francs.

M{{me}} DUMEURIER.

Ce brigand a parlé des pauvres !

M. COBARD.

C'est un philosophe.

M. DUMEURIER.

Voilà tout, quand je le rencontre dans le

* Campagne.

chemin, bonjour, bon soir, qui a passé là? personne.

Mlle AUZET.

C'est égal, vous êtes un peu bonapartiste.

M. DUMEURIER, furieux.

Allez vous promener..... elles vous feraient damner ces femelles!... on ne mettra pas le drapeau blanc.

Mme DUMEURIER.

On le mettra.

Mlle AUZET.

On le mettra.

M. COBARD.

Nous le mettrons.

M. DUMEURIER, furieux.

Allez le mettre chez vous, monsieur Cobard; ah! par exemple celui-là est trop fort... qu'est-ce que vous êtes ici vous? un *quinola* à l'écart : pas plus.

M. COBARD.

Touchez là, monsieur Dumeurier, vous

êtes un bon enfant, ne nous fâchons pas.

M. DUMEURIER.

Je ne me fâche pas... mais aussi pourquoi nous presser de mettre ce drapeau blanc; attendons encore un peu, *che va piano, va sano*..... Vous arrivez vous, monsieur Cobard, et vous dites : Il n'y a plus les canons sur le Cours, il n'y a plus de drapeaux de la nation aux croisées, Brune s'est allé enfermer au fort Saint-Jean, j'ai rencontré Anglès qui cherchait à la ville une maison pour se cacher; voilà tout ce que vous venez de nous dire, pas vrai?

M. COBARD.

Oui... eh bien?

M. DUMEURIER.

Eh bien ! tout de suite là dessus vous voulez que nous mettions le drapeau blanc.

Mlle AUZET.

Comment il n'y en a pas assez là de bonnes nouvelles? vous en voulez davantage?

M. DUMEURIER.

Mais, oui, j'en veux davantage.

Mme DUMEURIER.

Allons, tu n'as pas de confiance en Dieu.

Mlle AUZET.

Et puis, sans bouger d'ici, regardez chez le voisin, il n'y a plus le drapeau de la nation..... Elle est claire, celle-là, de nouvelle !

M. DUMEURIER.

Oui, oui, il y a bien quelque chose..... Mais, saint Joseph ! attendons encore jusqu'à demain.

Mme DUMEURIER.

Allons, nous serons les derniers ; ça te fera un bel honneur, Dumeurier.

Mlle AUZET.

Ah ! voilà M. Godeau qui arrive en courant par l'allée..... Il nous fait des signes avec son chapeau..... Sainte mère de Dieu, il a la cocarde blanche !

TOUS.

La cocarde blanche! arrivez! arrivez!

(Entre M. Godeau. Il se jette tout essoufflé sur un banc de pierre. On se précipite sur son chapeau pour baiser la cocarde.)

M. GODEAU.

C'est fini !

TOUS.

C'est fini !

(Ils s'embrassent tous.)

Mme DUMEURIER.

Eh bien, Dumeurier!

M. DUMEURIER.

Ah! j'ai toujours dit que c'était possible...
(A M. Godeau.) Vous venez de la ville?

M. COBARD.

Laissez-le respirer.

Mlle AUZET.

Ah! il respirera demain. Vous venez de la ville?

M. GODEAU.

Oui... non, j'y allais... J'ai rencontré à l'octroi un de mes amis qui en venait, et qui m'a dit que c'était fini...

M. COBARD.

Eh bien ! vous voyez, monsieur Dumeurier !

M. DUMEURIER.

Laissez parler.

M. GODEAU.

Que tout était fini ; que Bruno avait été mis en pièces à Saint-Jean.

Mlle AUZET.

Ah ! le coquin !

M. GODEAU.

Que les Anglais avaient débarqué...

Mlle AUZET.

C'est Louis XVII ! Vive Louis XVII !

M. GODEAU.

Et qu'on avait mis le drapeau blanc à la Commune.

TOUS, excepté Dumeurier.

Vive le roi !

(Mlle Auzet rentre.)

Mme DUMEURIER.

Et Bonaparte ?

M. GODEAU.

On l'a pendu à la porte de Paris.

M. COBARD.

Ah ! je vous l'avais dit hier; c'était sûr.

M. GODEAU.

Demain vous viendrez manger une tourte chez moi ; nous nous régalerons... A propos, et M. Cantol n'est pas ici?

Mme DUMEURIER, d'un air mystérieux.

M. Cantol ne viendra que demain; il est en course.

M. DUMEURIER.

Et votre ami que vous avez rencontré, comment l'appelez-vous?..... celui qui vous a donné ces nouvelles ?

Mme DUMEURIER.

Ah ! le voilà encore ce saint homme !

M. DUMEURIER.

Mais enfin cet ami a bien un nom ?

M. GODEAU.

C'est chose... vous ne connaissez que ça... qui a des lunettes vertes.....

Mme DUMEURIER.

Ah ! oui ! oui ! c'est un saint !

M. GODEAU.

Il était sur la liste de ceux qu'on devait guillotiner le 24, pour la Saint-Jean.

(Une croisée s'ouvre, Mlle Auzet y arbore le drapeau blanc.)

Mlle AUZET.

Le voilà ! le voilà ! le béni ! le saint !

    Chantons l'antienne
    Qu'on chante dans Milan !

M. COBARD.

Attendez, attendez..... tous en chœur, en chœur.....

(Il chante d'une voix fausse.)

    Peuple français, peuple vaillant
    Né pour l'honneur...

Je l'ai pris trop haut.

    Peuple français.

M. GODEAU.

Encore trop haut.

Peuple français.

Voilà le ton.

M. COBARD.

Pas celle-là, pas celle-là, il faut trop monter.

Français, quel est ce chevalier
Du bon Henri...

Je ne suis pas en train aujourd'hui.

Mme DUMEURIER.

Ah ! c'était votre triomphe celle-là.

M. COBARD.

Oui, je faisais pleurer tout le monde...

Français, quel est ce chevalier
Du bon Henri, portant l'air mure
Son...

Non.

Dans ses bras...

Mme DUMEURIER.

Oui, oui.

Dans ses bras il porte un olivier.

M. COBARD.

Vi e Henri quatre
V   e roi vaillant.

Mlle AUZET, de la croisée.

Pas celle-là, pas celle-là, il y a des immodesties à la fin.

M. COBARD.

Ah! le *vert galant?*

Mme DUMEURIER, bas.

Non à la fin de cette chanson on parle des mauvaises femmes de la rue Beauveau... *J'aimons...* Vous savez?...

M. COBARD, exalté.

Attendez, attendez, j'en sais trente mille, quatre cent mille.

Soldat, descends de tes creneaux,
Porte aux genoux...

Mme DUMEURIER, lui mettant la main sur la bouche.

Il y a encore des amourettes dans celle-là.

M. COBARD.

L'aurore du bonheur luit enfin sur la France,
L'airain n'appelle plus nos conscrits à la mort.
Accourez, troubadours..

Ah! ici vous avez un chœur superbe; attention au chœur :

> Accourez, troubadours, chantez avec transport,
> La chûte du despote et notre indépendance.

Le refrain, le refrain... le refrain, monsieur Godeau; je ne me souviens plus du refrain. Diable de refrain!

Mme DUMEURIER.

Ah! ne jurez pas, monsieur Cobard.

M. COBARD.

J'ai dit *diantre* de refrain; c'est permis, les prêtres le disent. Diantre de refrain!

> Vive le roi! vive le roi!
>   Chers camarades,
>   Buvons rasades
> A la santé de notre roi.

Mme DUMEURIER.

Ah! qu'il est sot cet air! Je le déteste.

M. COBARD.

On le chante à la comédie.

Mme DUMEURIER, fait le signe de la croix.

Jesus! Maria! Joseph!

M. COBARD.

Après souper, je vous chanterai jusqu'à minuit. Et puis nous irons faire un charivari au voisin.

M. GODEAU.

Allons, mes enfans, je vais vous souhaiter le bon soir; ma femme ne sait encore rien... J'ai peur qu'elle ne tombe morte de joie.

M⁰⁰ DUMEURIER.

Ah! c'est bien fait pour ça.

M. GODEAU.

Je le lui ferai venir peu-à-peu... C'est qu'elle est plus royaliste que moi, ma femme.

M⁰⁰ DUMEURIER.

Si vous vouliez vous rafraîchir, monsieur Godeau, vous devez avoir soif... Allons, un verre de capillaire.

M. COBARD.

Ce n'est pas de refus; je boirai volontiers aussi; le chant m'a échauffé.

Mˡˡᵉ AUZET, sortant de la maison.

Il n'y a plus de capillaire, M. Cantol l'a fini hier soir en disant son office, il boirait tout le revenu de *corpus domini*, ce M. Cantol.

M. GODEAU.

Ce sera pour une autre fois, bon soir, mes enfans, bon soir, à demain.

(Tous l'accompagnent jusqu'au perron.)

Mᵐᵉ DUMEURIER.

Une idée! une idée! ma belle-sœur, nous allons nous habiller, pour aller à la ville voir les illuminations ce soir.

Mˡˡᵉ AUZET.

Ah! nous mettrons notre robe blanche du comte d'Artois, et des fleurs de lys aux bonnets. Ah! qu'elles doivent être jaunes ces fleurs de lys. C'est égal.

Mᵐᵉ DUMEURIER.

Bah! le soir, ça ne se voit pas! allons à la ville.

M. DUMEURIER.

Un moment, un moment... Oh! ces saintes femmes!

Mme DUMEURIER.

Eh bien! tu vas recommencer ton train, après tout ce que t'a dit M. Godeau.

M. COBARD.

Eh bien! monsieur Dumeurier, après ce qu'a dit M. Godeau, je vous parie six francs d'aller planter ce drapeau blanc sur la place royale.

M. DUMEURIER.

Un moment, un moment! c'est drôle que je ne puisse jamais parler chez moi!

M. COBARD.

Eh bien! parlez.

M. DUMEURIER.

Ce monsieur Godeau est une tête verte qui...

Mme DUMEURIER.

M. Godeau a quarante-huit ans sur son

dos, ce n'est pas un enfant; il communie tous les huit jours.

M. DUMEURIER, furieux.

Voulez-vous me laisser parler, *sacrebleu!*

Mlle AUZET.

Ah! que de péchés il fait aujourd'hui! bon jour! bonne œuvre.

Mme DUMEURIER.

Si tu entendais le diable comme il rit derrière toi, quand tu jures comme un payen.

Mlle AUZET.

Depuis quelque temps, on ne vous reconnaît plus, Demeurier, vous êtes un Voltaire! là.

M. DUMEURIER.

C'est vous autres qui me ferez devenir un Voltaire, un Rousseau, un Piron...

Mme DUMEURIER.

Ah! bel ange gardien, garde-le bien! il déparle; il faut que je lui brûle son histoire romaine qu'il lit le soir.

M. COBARD.

Allons, monsieur Dumeurier, voyons, parlez... Ces dames sont un peu vives aujourd'hui; nous sommes tous fous aujourd'hui, en voyant ce drapeau; si je ne me retenais pas moi, je me jetterais dans la citerne de joie.

M. DUMEURIER.

Je vais essayer de parler... On voit la Vierge de la garde, d'ici, pas vrai?

M. COBARD.

On la voit très bien.

M. DUMEURIER.

Je vais prendre ma longue vue, et nous verrons s'il y a le drapeau blanc au fort; s'il y est, je me mets la *faquine* bleue, et nous allons tous à la ville.

M. COBARD.

Il y a le drapeau blanc, je le vois, blanc, très blanc.

(Ils regardent tous dans le lointain)

M. DUMEURIER.

Ah ! par exemple, je vous défie bien de voir la couleur d'ici, moi je ne vois pas le fort.

Mᵐᵉ DUMEURIER.

Il est blanc.

Mˡˡᵉ AUZET.

Il est blanc, oh ! çà, blanc comme le mien.

M. DUMEURIER.

Bon, bon, je vais chercher la longue vue.

(Il rentre.)

M. COBARD.

Je le vois comme si j'y étais dessus, j'ai une vue de chat.

Mᵐᵉ DUMEURIER.

Enfin le rouge et le bleu se verraient bien...

Mˡˡᵉ AUZET.

Ni rouge, ni bleu, oh ! qu'il est blanc ! blanc sans tache; oh ! mon bel agneau !

M. COBARD.

Je parie douze francs contre une pièce de

vingt-quatre sous. Oh! il faudrait être aveugle!

(M. Dumeurier sort et braque sa longue vue sur un mûrier. On se groupe autour de lui.)

M. DUMEURIER.

C'est le drapeau de la nation!

TOUS.

Pas possible! pas possible!

Mme DUMEURIER, prend la longue vue et regarde.

Il est blanc comme la neige! tenez, regardez.

Mlle AUZET la remplace.

Blanc, avec trois belles fleurs de lys au milieu. Regardez, monsieur Cobard.

M. COBARD.

Oh! je n'ai pas besoin de regarder; j'y vois mal, moi, avec les porte-vues. Tous les bons yeux sont comme cela.

M. DUMEURIER.

Eh bien! appelons le fils du paysan...

Mme DUMEURIER.

C'est inutile.

Mlle AUZÉT.

C'est manquer de confiance en Dieu.

M. DUMEURIER. Il appelle en dehors.

Antoine, Antoine!

M. COBARD.

Oh! Antoine n'a pas de meilleurs yeux que moi.

M. DUMEURIER.

C'est le premier chasseur du quartier; il verrait d'ici monter une mouche sur ce pin là-bas.

M. COBARD.

C'est possible, mais il ne connaît rien aux drapeaux, il a été réformé au corps.

M. DUMEURIER.

Il a été réformé pour son bras cassé, mais pas pour ses yeux... Ah! le voilà!

(Entre Antoine.)

Antoine, regarde-là, à cette longue vue, de quelle couleur est le drapeau de la vierge de la Garde.

ANTOINE regarde.

Attendez, attendez, nous ne sommes pas pressés, pas vrai?

Mme DUMEURIER.

Oh! celui-là a un flegme à vous faire mourir.

ANTOINE.

Attendez, je vois le fort... un peu trouble.

Mlle AUZET.

Oh! c'est un porte-vue de notre grand père.

ANTOINE.

Attendez.. Ah! voilà le mât.. j'ai le mât... il n'y a point de drapeau.

TOUS.

Il n'y en a point!

ANTOINE, se relevant et cédant la longue vue à M. Cobard.

Pas plus de drapeau que sur cet amandier...

Eh! je le vois bien sans votre porte-vue... il n'y a rien. Avec le mistral on ôte toujours le drapeau... il en mangerait bien le mistral.

M. COBARD, fermant le porte vue.

Rien, il a raison... c'est une preuve qu'on va mettre le drapeau blanc.

Mme DUMEURIER A Mlle AUZET.

Oui, oui, on va le mettre.

M. DUMEURIER.

C'est un peu fort... moi j'ai vu le drapeau de la nation.

M. COBARD.

C'est possible, mais on l'a ôté tout de suite après ; vous n'avez jamais vu ôter un drapeau ? *Pst* on n'a pas le temps de dire *Amen*.

ANTOINE.

C'est tout ce que vouliez, monsieur ?

M. DUMEURIER.

Oui, mon ami.

ANTOINE.

Eh, bien! soyez à Dieu, je vais à l'aire, il fera beau temps demain.

Rouge de soir
Beau temps d'espoir*.

(Il sort nonchalamment.)

M. COBARD.

Allons; à la ville, à la ville... nous prendrons M. Godeau en passant.

M. DUMEURIER.

Eh bien! puisque vous êtes des entêtés, allez à la ville et que le bon Dieu vous accompagne.

Mme DUMEURIER.

Tu ne viens pas avec nous, toi?

M. DUMEURIER.

Pardipas! je vais fumer ma pipe sur la terrasse, et je me coucherai avec le soleil comme les poules.

* Proverbe du pays, traduit littéralement du Provençal.

M{{me}} DUMEURIER.

Ma belle-sœur, vite, vite, allons nous habiller; monsieur Cobard, une minute, et nous sommes à vous.

(Elles rentrent.)

M. DUMEURIER.

Monsieur Cobard, écoutez bien ce que je vous dis!

M. COBARD.

J'écoute.

N. DUMEURIER.

Vous allez faire une sottise; mais je m'en lave les mains, comme Pilate.

M. COBARD.

Monsieur Dumeurier, je vous parie...

M. DUMEURIER.

Oh! vous pariez toujours, mais vous ne mettez jamais sur jeu, vous.

M. COBARD.

Eh bien! je mettrai.

M. DUMEURIER.

Alors, ce sera la première fois.

M. COBARD.

Je vous parie ce que vous voudrez qu'il ne nous arrive rien, et que le drapeau blanc soit à Marseille. Comment avec tout ce qu'on nous a dit?

M. DUMEURIER.

Eh! qu'est-ce qu'on nous a dit?

M. COBARD.

Ah! puis c'est trop fort!!! moi, M. Godeau...

M. DUMEURIER.

Trrrrrrr, monsieur Godeau, monsieur Godeau...... vous n'avez pas vu la révolution, vous.

M. COBARD.

Ah! vous allez recommencer... Il n'y a que vous qui ayez vu la révolution!...

M. DUMEURIER.

Je ne dis pas qu'il n'y ait que moi, mais

vous ne l'avez pas vue vous, avec votre conte de la garde départementale et de Cartaux...

M. COBARD.

Monsieur Dumeurier, monsieur Dumeurier, vous êtes chez vous...

M. DUMEURIER.

Oh! vous ne vous gênez guère parce que vous êtes chez moi.

M. COBARD.

Je vous parie......

M. DUMEURIER

Ah! nous y sommes encore.

M. COBARD.

Je vous prouverai quand vous voudrez que j'étais dans la garde départementale.

M. DUMEURIER.

Lieutenant?

M. COBARD.

Oui, sous-lieutenant.

M. DUMEURIER.

Ah! voyons! qui est-ce qui commandait la garde départementale?

M. COBARD, avec assurance.

Le commandant de la garde départementale.

M. DUMEURIER.

Oui, oui, mais quel était ce commandant?

M. COBARD.

C'était ce grand... qui est mort... qui était dans le commerce du Levant.. Pauvre homme! il me semble que je le vois. *Que son âme ait bonne gloire et bon repos**!

M. DUMEURIER.

Oui, mais son nom?... Allons vous êtes un parleur, eh bien! c'était moi qui la commandait.

M. COBARD.

Vous?

* Proverbe du pays.

M. DUMEURIER.

Moi, et je ne m'en vante pas, parce que depuis Septêmes jusqu'ici nous avons battu en retraite devant quinze cents Allobroges qui n'étaient pas plus hauts que trois mottes.

M. COBARD.

Comment c'est vous qui nous commandiez!...

M. DUMEURIER.

Oui, c'est moi qui commandais la garde départementale..... ah!

M. COBARD.

Voilà deux ans que je vous connais, vous ne m'en avez jamais parlé!...

M. DUMEURIER.

Comment voulez-vous que je vous croie après, quand vous me dites que vous avez vu vos lettres de Paris, que Louis XVII doit débarquer, qu'il y a le drapeau blanc à la ville; et un tas de fariboles que vous inventez en chemin, quand vous venez manger la soupe chez moi? A présent je ne dis pas qu'une bonne nouvelle soit impossible, mais j'aimerai toujours mieux la tenir d'un autre que de vous... surtout depuis que vous êtes engagé dans la garde départementale.

(Il rit aux éclats.)

M. COBARD.

Allons, allons, finissons cette plaisanterie, monsieur Dumeurier.

M. DUMEURIER.

Comme vous voudrez. Mais vous n'avez pas vu la révolution.

M. COBARD.

A la bonne heure! (A part) Être mortifié par un gros bénêt comme ça. Ah! quand il ne sera plus chez lui!...

(Arrivent Mme Dumeurier, Mlle Auzet; toilette royaliste: robes blanches, lis de jardin aux bonnets.)

Nous voici! nous voici!

M. COBARD.

Charmantes! charmantes!

Mme DUMEURIER.

Voilà comme nous étions habillées quand nous fûmes voir dîner le comte d'Artois! Vive le comte d'Artois! J'ai entendu rire mon mari, tantôt; il est de bonne humeur à présent.

M. COBARD.

Oui, nous rions ici comme des fous; M. Dumeurier est si farceur.

Mme DUMEURIER.

Oh! vous êtes deux bons compères ensemble...

M. COBARD.

Il me fesait des contes du Martigues.

Mlle AUZET.

Ah! vous parlerez de vos contes demain. Une bonne idée, monsieur Cobard! allons en procession chez M. Godeau; montez prendre mon drapeau blanc et vous marcherez en tête.

M. COBARD.

Bien! bien! j'y vais d'un saut.
(Il rentre.)

M. DUMEURIER.

Ah! vous en faites aujourd'hui des folies.

Mme DUMEURIER.

Oh! débarrassons-nous vite de ce grognon.

M. DUMEURIER.

Oh! partez, partez, partez; on peut vous assommer, vous lapider, vous mettre au Château-d'If, je m'en moque, comme du grand Turc; bonsoir.
(Il rentre.)

Mme AUZET.

Votre mari se damne, il se damne comme un Caïn.

Mme DEMEURIER.

Ah! il faut que je fasse dire des messes pour lui, sans qu'il en sache rien. Les premières indulgences de sept ans et de sept quarantaines, que je gagne, je les lui applique.

Mlle AUZET.

Eh! je lui ai appliqué moi celle de quarante heures, pour l'octave du Saint-Sacrement, ça n'a rien fait.

(Rentre M. Cobard le drapeau blanc à la main.)

M. COBARD.

Vive le roi!

LES DEUX DAMES.

Vive le roi!

Mme DUMEURIER.

Allons, monsieur Cobard, une chanson, et marchez le premier.

M. COBARD.

Bon voyage, Napoléon,
A l'île d'Elbe arrive sans naufrage

LES DEUX DAMES, EN CHOEUR.

Bon voyage, Napoléon,
A l'île d'Elbe arrive sans naufrage!
Bon voyage!

Oh! *Jesus Maria!* Satan! Satan!

(Elles font des signes de croix.)

ENTRENT SIX GENDARMES, UN MARÉCHAL DES LOGIS,
UN COMMISSAIRE.

LE COMMISSAIRE.

Je vous arrête au nom de l'empereur.

(Les deux dames s'évanouissent, deux gendarmes les portent dans l'intérieur. On entend la voix et les cris de M. Dumeurier. M. Cobard a laissé tomber son drapeau, et il s'est jeté sur un banc de pierre.)

SCÈNE IV.

La Grotte Loubière[*].

24 JUIN, 5 HEURES DU MATIN.

Une troupe d'hommes endormis. Des masses de fusils anglais à longues bayonnettes, des shakos sans plaques, des fournimens à buffleteries noires jetés en désordre sur des tronçons de Stalacmites. Des torches résineuses incrustées dans les fentes du roc éclairent la voûte. Sur quelques faisceaux d'armes s'élèvent des drapeaux blancs avec cette inscription : *Les Bourbons ou la mort.*

L'ÉTRANGER, SON FILS (endormi) M. DUTEUIL.

L'ÉTRANGER.

Trois heures ! et monsieur le comte n'est pas encore venu !

[*] Vaste grotte à quelques lieues de Marseille, visitée en temps de calme par les géologues, en temps de trouble par les conspirateurs.

M. DUTEUIL.

S'il ne vient pas avant le jour, il ne viendra plus.

L'ÉTRANGER.

Et voilà l'aube déjà! mauvaise saison pour nous, il n'y a pas de nuit.

M. DUTEUIL.

Mauvaise pour nous, non; mais pour eux, oui...

L'ÉTRANGER.

Qui, eux?

M. DUTEUIL.

Monsieur le comte.

L'ÉTRANGER.

Ah! il est prudent lui... un peu.

M. DUTEUIL.

Trop.

L'ÉTRANGER.

C'est lui qui nous retient ici depuis un mois, avec sa prudence... il attend les Anglais! Ah!

s'il attend les Anglais il attendra long-temps...
je n'ai point de confiance aux Anglais... moi...
et encore moins aux nobles... Les nobles et
les Anglais ont toujours fait notre malheur...
voyez à *Libéron* *.

L'ÉTRANGER.

Oui, mais les nobles ont les *denari*..... ils
sont *piastrés*.

M. DUTEUIL.

Ah! voilà le mot!

L'ÉTRANGER.

Mais j'ai pris mon parti, moi... M. le comte
fera ce qu'il voudra... demain je descends en
ville avec quinze cents hommes; et nous
rompons tout. Eh! il faut que ça finisse ça!

M. DUTEUIL.

Bien dit! nous ne sommes pas nobles, nous,
mais nous avons de l'estomac, et du roya-

* Quiberon.

lisme jusqu'au bout des ongles... avec ça on va loin.

(On entend la voix de la sentinelle qui crie : *Qui vive !* à l'entrée de la grotte.)

L'ÉTRANGER.

Voici M. le comte !... Allons, allons, dormeurs, éveillez-vous, alerte ! alerte !

(Il secoue fortement le bras de son fils endormi qui se réveille en secouant le bras de son voisin : réveil mutuel général. Toute la bande est sur pied.)

M. LE COMTE ***, LES PRÉCÉDENS.

M. LE COMTE.

Bon jour, mes bons amis, bon jour...

(On entend un *bonjour M. le comte,* guttural et sonore circuler dans la bande. M. le comte passe une espèce de revue, et donne des poignées de main à ceux qui sont les plus rapprochés de lui.)

Mes braves gens, mes braves amis, je vous porte tous dans mon cœur... Ah ! le roi vous aime bien aussi... Il me charge de vous exprimer toute sa reconnaissance.

TOUTE LA BANDE.

Vive le roi!

M. LE COMTE.

Ah! oui *vive le roi!* ce cri est comme un baume dans la poitrine, n'est-ce pas?.. Voici donc ce que notre bon roi me charge de vous dire, Dieu me preserve d'en changer un seul mot! c'est sacré comme un verset du saint évangile. *Dites à mes excellens Marseillais de se reposer sur la Providence; ils peuvent compter sur moi, comme je compte sur eux.* Voilà!

TOUTE LA BANDE.

Vive le roi!

M. DUTEUIL.

Pardon, monsieur le comte, quand commencerons-nous à faire quelque chose? Ces braves gens s'ennuyent ici comme des loups.

(Murmures d'assentiment.)

M. LE COMTE.

Mes bons amis, on travaille, on travaille

pour ça... Souffrez encore un peu, encore un petit peu ; Jesus-Christ et Louis XVI ont bien plus souffert.

(Nouveau murmure d'assentiment.)

L'ÉTRANGER.

Pour moi, monsieur le noble, s'il n'y a rien de nouveau d'ici à demain, je travaille pour mon compte... Là.

TOUS.

Oui, oui... A la ville, à la ville.

M. LE COMTE.

Attendez donc, mes braves amis, ayez confiance en nous au nom de Dieu... Prenez patience... N'affligez pas le cœur du roi... Vous ne voulez pas faire de la peine au roi, n'est-ce pas, mes braves amis?

TOUS.

Non, non, non, vive le roi!

M. LE COMTE.

Eh bien! alors un peu de soumission...

Il ne vous manque rien j'espère, ici... Répondez-moi, vous manque-t-il quelque chose?

(Sourde agitation.)

M. DUTEUIL.

Ils disent qu'ils n'ont pas de tabac, et qu'ils fument des feuilles de platane.

M. LE COMTE.

Soyez tranquilles je vous enverrai du tabac, je vais en prendre note... Ce soir dans la caisse des provisions, je vous enverrai vingt livres de Virginie avec des pipes du Levant.

TOUS.

Vive M. le comte! vive le roi!

M. LE COMTE.

Vous êtes tous mes enfans, la chair de ma chair, les os de mes os; c'est pour votre bien que je travaille, pour votre bonheur; je veux que dans un mois vous alliez tous, le dimanche, manger une salade à la mer avec un habit bleu, et la cassio à la bouche comme des messieurs...

(Murmure de satisfaction, applaudissemens.)

Et pour cela je ne vous demande qu'un peu de patience, encore seulement quinze petits jours...

(Explosion de cris de découragement.)

M. DUTEUIL.

Oh! quinze jours encore dans cette galère!.. pas possible, il faudrait être sang de renard.

M. LE COMTE.

Mais écoutez, mes braves amis...

L'ÉTRANGER.

Ah! rien..! voulez-vous que je vous dise le fin mot, monsieur le comte? Vous voulez vous risquer la partie avec quinte, quatorze et le point dans la main... les nobles sont tous comme ça...

TOUS.

A bas les nobles! *hou* les nobles!

L'ÉTRANGER.

Nous ne sommes pas nobles, nous, et nous voulons nous risquer ; qui ne risque rien n'a rien ; et qui veut trop serrer l'anguille la perd. A la ville ! à la ville !

TOUS.

A la ville ! à la ville !

(Ils s'arment et s'alignent sur deux rangs.)

M. LE COMTE.

Au diable les fous ! ils vont tout gâter ; on ne sait de quel côté les prendre ; ce sont des hérissons de mer.

Entre M. CANTOL, LES PRÉCÉDENS.

M. LE COMTE.

Ah ! vous venez à propos, monsieur Cantol... parlez-leur vous, ils veulent tout perdre par excès de zèle... les voilà qui vont partir pour la ville.

M. CANTOL.

Partir pour la ville! à présent! sans avoir entendu ma messe! sans avoir chanté le *sub tuum præsidium!* et où sont les impies qui ont donné ce conseil?

(Silence général. On replace les fusils en faisceaux.)

Partir pour la ville! eh! ne savez-vous pas qu'il faut qu'auparavant je monte sur la montagne, pour y tenir les mains élevées quand vous vous battrez avec les Amalécites! Qui de vous a reçu l'absolution *in articulo mortis..?* personne! vous avez des consciences noires comme des fours à chaux... on jure ici du matin au soir comme dans un cabaret, comme dans un billard! on chante des ariettes de comédie!.. oui j'en ai entendu, et après cela vous allez vous battre comme des huguenots : mais vous ne croyez donc pas à l'enfer?..

(Quelques bruits de sanglots étouffés.)

M. LE COMTE.

Et puis, il faut bien prouver à ces braves

gens que nous ne sommes pas encore en mesure de commencer le mouvement, qu'il faut attendre que les Anglais...

M. CANTOL.

Oh! pour cela c'est une autre histoire, nous n'avons besoin de ne rien attendre que le bras de Dieu; et Dieu obéit toujours aux prières des saintes âmes. On a commencé une neuvaine en ville, quand elle sera finie je vous réponds de la victoire; fesons au ciel une sainte violence et nous nous passerons des Anglais qui sont dans la religion de Luther, et qui porteraient malheur à une barque de capucins.

TOUS.

Vive M. Cantol !

M. CANTOL.

Allons, maintenant, nous allons dire le *Salve, Regina*, et puis...

(On entend un grand bruit en dehors. M. Cantol gagne précipitamment le fond de la grotte.)

ANTOINE, en dehors.

Laisse-moi donc entrer, sentinelle de plâtre, épouvantail de figuier.

(Il entre dans la grotte armé d'un fusil de chasse.)

Bravo ! vous avez un beau plan vous autres ; vous dites vêpres ici... la désolation est à notre maison, les gendarmes fument la pipe sur nos gerbes, on va tous nous mettre au château d'If ; je me suis échappé moi, par miracle, comme une caille du filet ; à présent, faites ce que voudrez ; je ne vous dis que ça : bon jour et bon soir. (Il sort.)

L'ÉTRANGER.

Malédiction.. c'est Anglès qui nous a dénoncés.

M. DUTEUIL.

C'est lui.

L'ÉTRANGER.

S'il échappe celui-là, il sera fin... je veux

lui manger le foie; je ne parle pas tant que vous autres moi, mais je fais.

M. LE COMTE.

Voilà qui dérange bien nos plans.

L'ÉTRANGER.

Ça dérange... vous allez voir si ça dérange.. (il crie) il y a un espion ici... il y a un espion...

M. LE COMTE.

Oh ! vous croyez que ces braves gens...

L'ÉTRANGER.

Je vous dis qu'il y a un espion...

(Sourde agitation.)

Joachim, ici.

JOACHIM.

Oui, père.

L'ÉTRANGER.

Va me chercher ce particulier qui a un pantalon à la cavalière et un gilet rouge.

(Joachim amène le jeune homme désigné.)

Comment t'appelles-tu, muscadin ?

LE JEUNE HOMME.

Moi?

L'ÉTRANGER.

Oui, toi, comment t'appelles-tu?

LE JEUNE HOMME.

Je suis un bon royaliste.....

L'ÉTRANGER.

Tu es un espion... Quelqu'un connaît-il ici ce particulier? quelqu'un en répond-il? (silence général.) Tu es un espion d'Anglès... je le sais depuis hier....

LE JEUNE HOMME.

Je vous jure sur ma foi...

L'ÉTRANGER.

Silence, c'est jugé! va te mettre en faction sur cette grosse pierre là-bas... vite... vite, te dis-je... canaille..... Il rodait l'autre soir dans la campagne de Dumeurier.. mais j'ai bon œil.... (Le jeune homme va s'asseoir sur la pierre au fond de la grotte.) Joachim, ici!

JOACHIM.

Oui, père.

L'ÉTRANGER.

Mire au ventre.

JOACHIM.

Oui, père.

(Il fait feu : le jeune homme tombe.)

L'ÉTRANGER. Il va vers le cadavre l'examine, et revient auprès de son fils.

Bien tiré, bien tiré, Joachim, mais un peu trop haut; ça ira mieux une autre fois. (à monsieur le comte.) A présent, monsieur le comte, vous voyez bien ce cadavre, eh bien! c'est comme ça que vous verrez Anglès demain, c'est moi qui vous le dis; Anglès et bien d'autres... voyez mon doigt... je viens d'y peindre une bague avec le sang de celui-là... eh! bien je ne me laverai les mains que lorsque j'aurai dix bagues pareilles; je les aurai demain soir, sans l'assistance des nobles et des Anglais. Je ne compte que sur la sainte Vierge et sur moi... et sur vous aussi braves gens... me suivrez-vous?

TOUS

Oui.

L'ÉTRANGER.

A la vie, à la mort, à la guillotine, à tout?

TOUS.

Oui.

L'ÉTRANGER.

Vous jurez de vous faire démolir jusqu'au dernier pour le roi et la religion?

TOUS.

Oui, nous le jurons.

L'ÉTRANGER.

Vous le jurez par tous les saints des Litanies?

TOUS.

Oui.

M. CANTOL, sortant des profondeurs de la grotte.

Que la bénédiction de Dieu soit sur toi,

légion sainte de Victor et de Maurice; ceignez-vous tous les reins et partez... mais avant, avant, à genoux et dites tous avec moi de bouche et de cœur. (Tous à genoux.) *Sub tuum præsidium confugimus, sancta Dei Genitrix......*

ANTOINE, rentrant.

Trahis! trahis comme des chiens! enfumés comme des renards! (ils se lèvent tous.) Ils ne sont pas à demi-lieue d'ici les gendarmes de Brune, ils m'ont coupé le chemin.

L'ÉTRANGER, exalté.

Ah! c'est ici où nous allons voir les hommes! Antoine, tu restes avec nous, n'est-ce pas?

ANTOINE.

Moi tant que j'aurai une balle... j'ai vingt coups à tirer.

L'ÉTRANGER.

Monsieur le comte, voulez-vous un fusil?

M. DUTEUIL.

C'est un fusil anglais.

M. LE COMTE.

Oh! j'ai toujours sur moi ce qu'il me faut...

L'ÉTRANGER.

Des pistolets de poche!.. Tenez, déchargez-les-moi dans la main à cinq pas, je vous renvoie les balles sur le nez... Prenez-moi donc un fusil.

M. LE COMTE.

Mieux que cela, mieux que cela, je vais vous quérir du renfort; j'ai ma petite armée aussi à deux pas... Au revoir dans l'instant, mes bons amis.

(Il sort.)

TOUS.

Hou les nobles!

L'ÉTRANGER.

Que celui qui a la crampe à l'estomac sorte des rangs... Je brûle la cervelle au premier qui a peur de mourir... Je ne veux avec moi que des brûlés... Êtes-vous tous des brûlés?

TOUS.

Oui.

L'ÉTRANGER, il prend un drapeau.

Eh bien! en avant sur la colline, derrière les pins.

(Ils sortent aux cris de vive le roi.)

M. CANTOL, d'une voix faible.

Je vais prier pour eux.

(Il s'enfonce dans la grotte.)

SCÈNE V.

Le sommet d'une petite colline pierreuse et à pic près la montagne de l'Étoile. Des bouquets de pins clairsemés. Des créneaux naturels de rochers. Des fragmens de petits murs à pierres sèches.

L'ÉTRANGER, DUTEUIL, ANTOINE, JOACHIM. LA TROUPE DE LA GROTTE.

L'ÉTRANGER.

Dans le Piémont moi j'ai tenu six jours sur une position qui ne valait pas celle-là. Qu'ils viennent avec leurs chevaux ici, ces nigauds de gendarmes.

ANTOINE.

Savez-vous! ils ont des bottes, des chevaux, et des sabres qui pèsent cinquante livres. Ce Brune n'est pas fort dans la guerre, je crois. Si ces gendarmes avaient beaucoup de patience, je voudrais les faire promener d'ici au *pilon du roi*.

M. DUTEUIL.

Nous allons les tuer d'ici comme des sansonnets, sur la colline.

ANTOINE.

Ce pauvre M. Dumeurier! qui sait ce qu'il est devenu! M. Cobard je ne le plains pas, c'est un bavard et un poltron... Madame et mademoiselle...Celles-là ne risquent rien...On ne fait rien je crois aux femmes dans les révolutions, pas vrai?

M. DUTEUIL.

On les guillotine comme les autres... Anglès ne leur pardonnera pas ; ah! le brigand !

ANTOINE.

Anglès!.. je ne le croyais pas méchant moi ce M. Anglès.

L'ÉTRANGER.

Antoine!

ANTOINE.

Oh! celui-là, vous, vous l'avez pris à tic... chut! chut... regardez là bas... là bas... droit de mon doigt... Un peu à gauche du cabanon... Je vois un pin qui ressemble bien à un gendarme.

(Tous s'avancent.)

Pardi! c'est un gendarme qui monte sur un pin; bon voilà le soleil qui se lève, nous allons y voir clair... Eux l'auront dans les yeux... Ils mettront des lunettes vertes... Je n'ai jamais vu de gendarmes avec des lunettes vertes... Attention... *Gueire, gueire*, en voilà deux... trois... six... toute la brigade... Ils vont au galop... J'ai bien envie de les tirer au vol, et de bourrer la balle pour que le plomb écarte.

L'ÉTRANGER.

Allons, tire, chasseur d'été.

* Cri de chasse dans le midi.

ANTOINE.

Que je tire le premier moi! jamais, même sur des gendarmes qui ne sont pas des chrétiens... Qui sait peut-être! ils viennent se promener sur la colline pour cueillir la *gineste* et le thym... Je tirerai quand ils tireront...

L'ÉTRANGER.

Eh bien! je vais les faire tirer moi.

(Il arbore le drapeau blanc aux branches d'un jeune pin.)

ANTOINE.

Ah! ta... Il n'en fallait pas tant pour leur faire ouvrir des yeux de mulet... Les voilà plantés comme des peupliers... Ils prennent leurs carabines... Ils descendent de cheval... Voilà le fandango qui va commencer! Vive le roi!

(Une décharge de carabines crible le drapeau blanc.)

Bien tiré! bien tiré!

L'ÉTRANGER.

A vous autres... Feu!... Feu donc... Et ne

vous baissez pas... Est-ce que je me baisse moi ?

ANTOINE.

Et moi ?

(Il se découvre et tire avec sang-froid et à plusieurs reprises.)

L'ÉTRANGER.

Donnez-moi un fusil, vite... Que voulez-vous que je fasse avec ce sabre de parade ?...

ANTOINE.

Eh bien ! il n'y a que moi qui brûle de la poudre ici ?... Ce n'est pas comme au poste des grives, où tout le monde veut tirer à la fois. Jusqu'à vous monsieur Duteuil. vous avez peur ?

M. DUTEUIL, d'une voix tremblante.

Laissez-moi faire, laissez-moi faire... je leur prépare un fameux coup... je cherche le brigadier.

L'ÉTRANGER.

Ah ! ça mais... dites donc, race de lapins... nous sommes soixante contre quinze, et nous

nous laisserons carabiner ici. Voulez-vous me suivre, nous allons leur brûler leur cervelle à tous, à brûle-pourpoint.

(Indécision dans la troupe.)

ANTOINE.

Bravo ! les gendarmes. Ce sont eux qui avancent, ils vont nous prendre d'assaut..... Aux pierres, aux pierres, il faut les lapider comme saint Étienne.

M. DUTEUIL.

Gagnons la montagne de *l'Étoile*... Elle est à deux pas... Nous y serons mieux qu'ici.

ANTOINE.

Le drapeau est ici, il y restera... et quand le pin qui le porte sera coupé je me ferai pin moi... Attrape, Joachim... Eh ! père, voilà Joachim blessé... Ce n'est pas un miracle, il n'y a que nous deux qui servions de cibles aux gendarmes.

L'ÉTRANGER.

Bravo, Joachim...

ANTOINE.

Eh! Eh! en voilà deux qui se sauvent dans l'*Avaousse**.

L'ÉTRANGER, un fusil à la main.

Canaille, canaille... Attendez...

(Il tire dans leur direction.)

M. DUTEUIL.

Comment vous tirez sur les nôtres...

L'ÉTRANGER.

Je tirerai sur vous, si vous faites deux pas à reculons, je tirerai sur mon fils, sur moi, sur le bon Dieu... Ah! ce n'est pas travailler, ça!... Tenez, tenez, en voilà quatre, six, dix... tout à la débandade... Allez (il jette son fusil dans la direction des fuyards). Duteuil, soyez bon à quelque chose au moins, pansez ce pauvre Joachim qui est étendu là comme un juif...

** Val.

M. DUTEUIL.

Oui, oui, je vais l'emporter sur la montagne...

(Toute la bande a disparu. Duteuil emporte Joachim.)

ANTOINE, il fait le signe de la croix.

Et voilà ma dernière balle !

L'ÉTRANGER, au désespoir.

Attends, ne tire pas... (Il se tourne.) Je mangerai mes poings... Regarde, Antoine... nous sommes seuls... seuls... M. le comte avait bien raison de vouloir attendre les Anglais... Oh ! malédiction !

ANTOINE.

Dix-neuf coups tirés sans en voir tomber un de ces sansonnets !... Ah! la poudre est mouillée par la rosée, et les balles ne sont pas rondes... Laissez-moi tirer mon dernier coup; ils ne sont plus qu'à cent pas... Je veux tuer le chef de ces grues.

L'ÉTRANGER, tire une pièce de sa poche.

Dis, *pile* ou *croix*, celui qui devine brûle la cervelle à l'autre... Je ne veux pas fuir devant la cocarde de la nation.

ANTOINE.

Ni moi.

L'ÉTRANGER.

Sacrebleu ! j'ai du regret de n'avoir pas tué mon fils ! à son âge fuir devant ces brigands !... Oh ! moi à seize ans dans le Piémont !...

ANTOINE.

Ah ! il est encore là avec son Piémont... Allons, jetez votre pièce en l'air.

L'ÉTRANGER.

Tu as raison... (Il jette la pièce.)

ANTOINE.

Croix... croix du bon Dieu... Sainte-Vierge, faites que ce soit *pile*.

L'ÉTRANGER.

C'est croix... Allons, feu, mon ami ; avant,

embrassons-nous... laisse-moi faire un acte de contrition... Ah! si M. Cantol était ici!

ANTOINE.

D'abord il faut ôter le drapeau blanc de là... Je vais l'ôter à la barbe des gendarmes...

(L'étranger prie à genoux. Antoine arrache le drapeau et le roule autour de son corps.)

A présent, vous croyez bonnement que je vais vous tuer? et moi en serai-je plus avancé après? m'auriez-vous tué, vous?

L'ÉTRANGER.

Oui!

ANTOINE.

Mais vous avez donc la rage de tuer les gens, vous? il faut que vous soyez race de boucher.

L'ÉTRANGER.

Je n'ai que ma parole, moi... Allons décidons-nous, les gendarmes sont là... Si tu veux me tuer... je ne te demande qu'un service... C'est Anglès qui nous a trahis, il faut que tu me promettes de tuer Anglès.

ANTOINE.

Encore un ! Allons, vous êtes fou...

L'ÉTRANGER.

Tu refuses ; je veux vivre... Vivre pour me venger, pour venger mon fils qui est mort peut-être... Voilà les gendarmes... Couchons-nous, sur terre... Embrassons-nous, et roulons dans ce précipice... Ce n'est pas fuir ça... S'ils nous tuent eh bien! autant de gagné ! viens.

ANTOINE.

Va.

(Les gendarmes paraissent au sommet du talus pierreux et presqu'à pic ; au même moment, l'étranger et Antoine se laissent rouler par le même chemin, en essuyant une décharge de carabines.)

SCÈNE VI.

La chambre à coucher de M. Dumeurier.

(25 juin 1 heure du matin.)

M. Dumeurier lit sur un fauteuil. Mme Dumeurier allume une bougie. Mlle Auzet est en prières devant une image de la Vierge. M. Cobard est endormi sur un canapé.

(On entend un bruit de pluie et de tonnerre, les éclairs brillent coup sur coup.)

Mme DUMEURIER.

Ah! quelle nuit de saint Jean! Je m'en souviendrai!

M. DUMEURIER.

C'est donc décidé que nous passons toute la nuit ici, ma femme?

Mme DUMEURIER.

Je n'ai pas sommeil, moi... Avec ce qui nous est arrivé hier et les tonnerres de cette nuit je ne dormirai pas de quinze jours... Il me faut de la compagnie.

Mlle AUZET, interrompant sa prière.

Mon Dieu ! je ne sais plus ce ce que je dis... Qu'est-ce qui vient après *Fœderis arca* dans les litanies ?

M. DUMEURIER.

Janua Cœli.

Mlle AUZET.

Entre ces tonnerres et le tapage que vous faites vous deux, j'oublierai même le *pater*...

(Un éclair illumine la chambre.)

Ah ! mon Dieu ! *Et Verbum caro factum est.* Ah ! le ciel est bien irrité...

Mme DUMEURIER.

Mets-toi à sa place, tu ne voudrais pas être

irritée avec ces mamelouks qui chantent tout le jour : (Elle chante)

Marchons, qu'un sang impur,
La brave nation.

M. COBARD, s'éveille en sursaut.

La Marseillaise! la Marseillaise! qui chante la Marseillaise ?

M. DUMEURIER.

Ce pauvre Cobard mourra de peur aujourd'hui...

M. COBARD.

Ah! que j'ai bien fait de m'éveiller! je fesais un songe horrible... J'ai rêvé... Anglès!

M{ᵐᵉ} DUMEURIER.

Un patriote! 89, c'est un *extrait*, j'y mettrai dix sols.

M. COBARD, égaré, il crie.

Monsieur Dumeurier, monsieur Dumeurier; mademoiselle, mademoiselle... ici, ici, à côté de moi... Fermez les fenêtres...

Mme DUMEURIER.

Ah! mon Dieu!

Mlle AUZET.

Elles sont fermées les fenêtres... Il est dans le délire...

M. COBARD.

... Écoutez... Écoutez... J'ai peur de vous raconter mon rêve... Les mots me restent là... Au gosier...

M. DUMEURIER, riant.

Vous qui étiez si courageux, hier... C'est-à-dire avant-hier; quand vous commandiez la garde départementale contre les Allobroges.

Mme DUMEURIER.

Laissez-lui dire son rêve... je pourrai faire *l'ambe* peut-être.

M. COBARD.

Je rêvais que je passais là bas devant le petit portail de la campagne des revenans, celle qui a des volets rouges toujours fermés, un puits sans corde, une treille sans vigne : il fesait noire nuit ; j'entendais les grillons et les cris des grosses sauterelles, et le chant triste des cigales de nuit, celles qui doivent mourir avant le soleil ; oh ! tout cela me fesait suer de peur.

Mme DUMEURIER.

Je crois bien.

M. COBARD.

Je voulais faire de grands pas pour vite dépasser cette campagne, mais la campagne me suivait avec ses volets rouges ; je me trouvai les pieds embarrassés dans les épis sauvages qui sortent des briques félées de la terrasse, la fenêtre basse du salon était quasi ouverte : et il en sortait une odeur de cire jaune comme le mercredi saint à *Ténèbres;* alors une voix m'appela du puits ; je regardai dans le puits, il y avait une caisse de mort et treize cierges allumés autour, et une voix disait :

Prions pour les pauvres ames des Limbes. Alors un long cadavre nu sous la forme d'un gros lézard est monté du fond du puits, c'était la tête d'Anglès...

Mme DUMEURIER.

Ah ! sainte Vierge de saint Victor !

(On frappe à la porte de la terrasse à grands coups redoublés Silence d'effroi.)

M. DUMEURIER.

Qu'est-ce qui peut frapper à cette heure?

Mlle AUZET, à voix basse.

N'ouvrons pas, n'ouvrons pas...

Mme DUMEURIER.

C'est le malin esprit...

(Elle prend le bénitier à côté de son lit, y trempe un petit rameau d'olivier et asperge la chambre en priant à voix basse.)

M. COBARD.

Si c'était... Anglès.

M. DUMEURIER.

Chut on parle... Je vais ouvrir la fenêtre.

M. COBARD.

N'ouvrez pas, n'ouvrez pas, au nom de Dieu...

(On frappe en dehors à la fenêtre de la chambre.)

Mlle AUZET.

On frappe là... Éteignons la lampe et la bougie des tonnerres.

ANTOINE, en dehors.

Monsieur Dumeurier, monsieur Dumeurier, c'est nous autres, ouvrez; amis, amis.

M. DUMEURIER.

Chut! c'est la voix d'Antoine!... (sans ouvrir.) Est-ce vous, Antoine?

ANTOINE, en dehors.

Oui, oui, moi et d'autres, ouvrez, monsieur Dumeurier, nous sommes morts de faim et noyés.

M. DUMEURIER, ouvrant la fenêtre.

Pauvres gens!

ANTOINE, il saute dans la chambre.

Ah! ça tourne mal, mal, bien mal; mauvais métier; tenez, est-ce que je ne ressemble pas à Gaspard de Besse*?... monsieur Cobard, allez ouvrir aux autres, s'il vous plaît... là bas... vous êtes sourd...

M. COBARD, s'asseyant.

C'est que je suis rompu.

M. DUMEURIER.

Restez, restez, pauvre homme, je vais ouvrir.

(Il sort.)

ANTOINE.

Bon, on ne vous a pas menés au Château-d'If; eh bien! ils ne sont pas aussi méchans que je croyais, ces Bonapartistes.

Mme DUMEURIER.

Ah! c'est qu'ils ont eu peur de nous y mener au Château-d'If, ces brigands!

* Le Mandrin de la Provence.

Mlle AUZET.

Moi, je ne leur en ai pas l'ombre de l'obligation... Vous verriez, s'ils étaient les plus forts, comme ils nous couperaient le cou à tous.

M. COBARD.

Ah ! c'est bien vrai ; quand les bonapartistes et les jacobins ne guillotinent pas, c'est qu'ils ont peur... autrement ils guillotinent toujours.

ANTOINE.

Eh bien ! quand le paysan de la petite campagne m'a dit là bas tantôt que Brune avait envoyé ordre de vous laisser tranquilles... Eh bien! moi, dans ce moment j'aurais embrassé Brune.

Mme DUMEURIER et Mlle AUZET.

Jesus, Maria, Joseph!!! embrasser Brune !

M. COBARD.

Est-ce qu'il ne nous ont pas brûlé notre drapeau blanc là sous notre nez !

ANTOINE.

Bah! il ne vous manque pas de rideaux pour en faire! l'essentiel c'est qu'ils ne vous aient pas brûlés, vous autres.

Mme DUMEURIER.

Mais le mauvais sang que nous nous sommes fait, ce n'est rien?

ANTOINE.

Ah! vous prendrez du tilleul, nous en avons une allée de tilleuls, vous ne la boirez pas toute.

Les précédens, M. DUMEURIER, L'ÉTRANGER, M. CANTOL.

L'ÉTRANGER.

Ce sont des femelles habillées en hommes, je vous dis... des soldats de paille, des hommes comme voilà monsieur (désignant Cobard) qui aboyent de loin comme les carlins; et voilà tout... Ils nous ont planté là au premier coup de carabine... et Joachim a payé pour tous.

Mlle AUZET.

Votre fils est tué?

L'ÉTRANGER.

Oh! s'il était tué, j'aurais déjà mis le feu à l'aire du voisin... Il est blessé seulement, ce n'est rien. Mais Anglès ne le portera pas en enfer.

(Mlle Auzet et Mme Dumeurier servent à M. Cantol sur une petite table des gâteaux et de l'orgeat.)

M. DUMEURIER.

Écoutez-moi; écoutez un bon conseil..... Restons tranquilles chez nous, ne nous mêlons de rien, il n'y a que des coups à gagner dans toutes ces affaires de parti. J'ai vu la révolution moi, et j'en ai assez. Pour écouter les femmes je me suis embarqué dans tout ce tracas qui me brûle le sang. Quand il nous viendra quelque lumière de réussir soit d'un côté, soit de l'autre, alors nous donnerons notre coup de collier aussi : mais.....

L'ÉTRANGER, lui prenant vivement le bras.

Mais... rien ! vous êtes un marchand, un mesureur à l'aune, un royaliste capucin..... Pardi! vous la feriez volontiers la vie de Turc, bon dîner, pipe longue, café chaud, saintes cartes, sieste fraîche, lit bassiné ; *tralare!* nous ne sommes pas nés pour ça, monsieur le campagnard ; nous avons notre croix à porter sur l'épaule jusqu'au bout... Moi j'ai du sang à boire autant qu'il y a d'eau dans votre citerne, du sang des bonapartistes, des voleurs, des pillards, des jacobins : c'est ma mission ; en avant, marche ; je me moque de ma vie comme de l'an quarante ; mon Dieu, mon roi ; après moi le déluge ; je resterai seul s'il n'y a plus d'hommes de poitrines dans le diocèse ; je serai général et armée, tant pis ; on m'écrasera sous le pied comme une limace, tant mieux. Canaille qui a peur !... Allez vendre du calicot vous, c'est votre métier; moi il me faut l'odeur de la poudre, il me faut du sang pour me laver les mains ; je ris quand les balles sifflent ; je ne les crains pas moi les balles des bonapartistes, elles s'aplatissent sur mon scapulaire ; je vivrai mille ans comme Martin-Salem. A midi je pars pour la ville et je vais brûler la cervelle à Brune dans son hôtel. Voilà comme j'écoute vos conseils, monsieur Dumeurier.

ANTOINE, froidement.

L'ami, vous avez un coup sur le timbre.

L'ÉTRANGER.

Tais-toi, paysan.

ANTOINE.

Ah ! levez-vous ! c'est raisonner ce que vous dites là, vous battez la breloque... Oui, M. Dumeurier a raison.

M. COBARD.

M. Dumeurier a raison.

L'ÉTRANGER.

Ah! elle a parlé cette poule mouillée, ce crâne de l'armée départementale.

M. COBARD.

Non, il ne s'agit point de plaisanter ici; M. Dumeurier est un homme de bon conseil...

L'ÉTRANGER.

Bon, bon, bon,

ANTOINE, croisant les bras.

Ah! çà mais, monsieur de la Calabre, est-ce que vous croyez qu'il n'y a que vous de royaliste dans le terroir? nous sommes autant royalistes que vous, mais nous ne sommes pas fous... Oui, il faut attendre comme a dit M. Dumeurier; et quand il y aura un bon moment, nous serons là.

M. COBARD.

Nous serons là.

M. CANTOL, se levant de table avec les deux dames.

Mon ami, mon fils, suivez vos inspirations, c'est vous que Dieu a suscité en Israël, vous êtes notre Judas Machabée; allez, et que la paix soit avec vous et avec votre esprit..... En attendant l'aube, mesdames, je crois que nous pourrions faire un petit boston; voilà deux jours.....

L'ÉTRANGER, jetant son chapeau et le foulant aux pieds.

Bonne nuit, bonsoir, au diable tout le monde, je vais voir mon fils, et après je brûle la maison d'Anglès.

M. CANTOL.

Votre fils doit être à *Clastre** dans ce moment, et couché dans mon lit; M. Duteuil est avec lui.

L'ÉTRANGER.

En voilà encore un bon, M. Duteuil!... pas un homme! pas un homme! la *blague* est par-

* Le presbytère.

tout, mais le courage, néant. Bonne nuit, tous.

(Il sort.)

ANTOINE.

Adieu. Lavalette!.. C'est un bon mâtin, mais il fait trop ses embarras.

M. DUMEURIER.

Maintenant qu'il est parti, à nous deux, Antoine... Écoute, j'ai fait une bonne affaire hier; j'ai vendu tout le foin du pré, et à un bon prix, mais je ne veux pas que ces femmes le sachent; elles iraient le brûler.

ANTOINE.

Alors vous l'avez vendu au diable votre foin?

M. DUMEURIER.

A-peu-près... Je l'ai vendu à Brune.

ANTOINE.

A Brune... Brune achète du foin!

M. DUMEURIER.

Est-ce qu'il n'a pas une cavalerie à nourrir?... Le foin est rare cette année et les royalistes qui ont des prés ne veulent pas nourrir les chevaux bonapartistes. Ma foi, moi, je ne vais pas tant chercher des scrupules; hier, l'aide-de-camp qui est venu nous débarrasser des gendarmes, me dit d'un air bon, là comme un royaliste : Brave homme ce foin du pré est-il à vous? — Oui, monsieur le capitaine. — Voulez-vous le vendre? — Mais pourquoi pas, capitaine. — Eh bien! envoyez-le demain à l'hôtel du maréchal, il vous sera payé comptant. — C'est dit, capitaine. Alors il me tendit la main, et me serra la mienne, en me souriant. Ma foi, c'est un bon marché, je crois, Antoine; et je donnerai quelques sous aux pauvres pour être d'accord avec ma conscience. Il faut donc que tu ailles charger ce foin et que tu le portes à la ville... Tu n'as pas peur?

ANTOINE.

Bah!... Ils sont fins ces bonapartistes, fins

comme des renards... Ils n'ont pas plus besoin de votre foin que moi... Enfin, c'est égal; je le leur porterai... à l'hôtel il a dit...

M. DUMEURIER.

A l'hôtel.

ANTOINE.

Je vais mettre ma blouse et mon chapeau du dimanche, et puis en ville... Je parlerai à Brune peut-être... Ah! moi! je parlerais au grand Turc... Sacrebieu! je n'ai point de cocarde...

M. DUMEURIER.

Les paysans n'en portent pas.

ANTOINE.

Ainsi soit-il. Quand j'aurai ma blouse et mon chapeau, les gendarmes ne me reconnaîtront pas, je crois.

M. DUMEURIER.

Sois tranquille, tu ne risques rien.

ANTOINE.

Allons à la garde de Dieu. Je vais dormir quelques heures à la *paillière,* et puis je vais charger. A ce soir; je vous porterai des nouvelles...

(Il regarde à la fenêtre.)

Voilà le mistral! la chavanne* a passé..... Nous aurons beau temps aujourd'hui; la belle étoile se lève grosse comme la lune derrière le pilon du roi (il réveille M. Cobard endormi sur le canapé). Eh! camarade; laissez dormir les femmes, et venez coucher avec moi; nous serons bien, c'est de la paille nouvelle.

M. CANTOL, aux deux dames assises dans le fond.

Je vous continuerai notre histoire demain. Ça fait frémir, comme vous voyez; si je n'avais pas prié pour eux dans la grotte Loubière les gendarmes remportaient la victoire et les royalistes auraient tous été taillés en pièces, comme dit le père Berruyer..

* Orage de printemps.

Mme DUMEURIER, se levant.

Ah! mon pauvre Antoine; il vous en est arrivé là de cruelles, M. Cantol nous a tout raconté...

ANTOINE.

Oh! nous avons fait de beaux miracles, il y a de quoi s'en vanter... A demain, à demain... Bon soir, bonne nuit, bonjour, tout est bon... venez avec moi, monsieur Cobard; nous mangerons un morceau là-bas, au salon.

(Antoine et Cobard sortent.)

Mlle AUZET.

Monsieur Cantol, voilà votre bougeoir..... vous devez avoir bien besoin de reposer un peu...

M. CANTOL.

Je n'ai pas dit un mot de mon office aujourd'hui; mais heureusement je suis dans les cas forcés; je sauterai les hymnes et les antiennes... C'est, je crois, aujourd'hui *prêtre et*

Pontife, sacerdos et Pontifex... Ornement violet... et je n'ai pas dit la messe!!... (Il sort en frédounant) *Suprà firmam petram...*

M. DUMEURIER.

Allons, bonsoir, bonsoir, ma belle-sœur...

Mlle AUZET, un flambeau à la main.

Venez m'accompagner jusqu'à ma chambre, mon beau-frère, j'ai ce rêve de M. Cobard devant les yeux.

Mme DUMEURIER, regardant à la fenêtre.

Ce scélérat d'Anglès n'est pas encore couché; il y a une lumière chez lui... Mon Dieu! que cette lumière est pâle! on dirait qu'elle veille un mort.

SCÈNE VII.

Le cabinet du maréchal Brune.
(25 juin, 10 heures du matin.)

entrent BRUNE et ANGLÈS.

ANGLÈS.

Maréchal, je suis pénétré de reconnaissance pour ce service ; je sais bien qu'en usant de votre pouvoir discrétionnaire pour pardonner à ces bonnes gens, mes voisins, vous avez écouté plutôt votre générosité que ma recommandation, mais je vous saurai toujours un gré infini.....

LE MARÉCHAL.

Eh ! que voulicz-vous que je fisse !... que

je donnasse suite à cette insurrection de famille, que j'assemblasse un tribunal militaire pour faire fusiller deux vieilles femmes et deux vieux fous !... C'est alors qu'on m'en donnerait par les rues du Robespierre et du Marat ; voyez, Anglès, je n'en suis pas à mon noviciat de ces sortes de campagnes bourgeoises où l'on fait souvent la guerre un an sans tirer un coup de fusil ; j'ai déjà eu mon commandement de pacification dans la Vendée ; et il y a là des hommes autrement trempés qu'ici. Quant à vos voisins, ils ne sont en eux-mêmes nullement redoutables, malgré leur chant royaliste et leur drapeau blanc ; et à coup sûr ce n'était pas la famille Dumeurier que nous comptions trouver chez elle : le coup a été manqué cette fois.

ANGLÈS.

Je vous comprends, maréchal, un seul homme dans ce parti vous donne quelque inquiétude.

LE MARÉCHAL.

Oui, un seul; mais il est leste et adroit; c'est un brave des Abruzzes, qui a le pied fait aux montagnes, et n'est pas novice au métier... Au reste je suis bien aise de m'être montré, à si peu de prix, magnanime envers vos voisins; on n'aurait pas manqué dans les commérages villageois de mettre leur arrestation sur votre compte, et en ces temps de trouble, on arrive à l'assassinat par des commérages de vieilles femmes.

ANGLÈS.

Oh! maréchal...

LE MARÉCHAL.

Eh! ce ne sont pas les vieilles femmes qui vous assassineraient, ni quelques méchans prêtres fanatiques, ni quelques vieux bourgeois, royalistes d'habitude, qui ont reçu de leur père leur opinion avec les meubles de l'hoirie; mais toutes ces petites exaltations de famille, ces innocentes conspirations de sopha campagnard ont des contre-coups terribles, des ricochets de haine où il y a du sang au bout; ce sont les conseils de la faiblesse souvent qui mettent le poignard aux mains de l'énergie... Laissez-moi veiller sur vous, Anglès; je veux avant huit jours vous mettre en bonne odeur auprès de vos voisines; j'ai déjà fait hier une petite affaire de commerce avec M. Dumeurier, je lui ai acheté sa récolte de fourrage que je lui payerai bien; il est marchand avan* d'être royaliste, il sera sensible à ce procédé; je veux qu'il aille vous en remercier dimanche après la messe; mais en attendant tenez-vous toujours sur vos gardes...

Les précédens, MOUTON-DUVERNET.

MOUTON-DUVERNET.

On apporte les dépêches à l'instant, maréchal.

LE MARÉCHAL.

Ah ! voici quelque bonne nouvelle, j'en suis sûr.

(Entre un aide-de-camp qui remet un pli au maréchal.)

Que dit ce petit billet ? ah ! l'estafette a subi douze heures de retard par un accident de route... c'est certainement l'orage de la dernière nuit qui a abîmé les chemins... voyons la dépêche.

ANGLÈS.

Je me retire, maréchal.

LE MARÉCHAL.

Non, non... Il n'y a rien de secret là-dedans à coup sûr; restez... (Il lit.) Une victoire! une victoire!

(Anglès et Mouton-Duvernet se serrent les mains.)

A Fleurus !

ANGLÈS.

Oh ! c'est une plaine de bonheur !

LE MARÉCHAL.

Nous avons battu les Prussiens ; c'est un

début décisif; maintenant la campagne est à nous.

ANGLÈS.

Dieu protége la France.

MOUTON-DUVERNET.

Et l'empereur.

LE MARÉCHAL.

Général, dites à l'aide-de-camp de service d'appeler ici tous les officiers qui sont dans l'hôtel... Anglès, je vous retiens à dîner aujourd'hui; vous ne m'échapperez pas. Nous boirons à la grande armée de Fleurus.

ANGLÈS.

J'accepte, maréchal; mais comme il y a bien du temps encore d'ici à six heures, j'irai faire une promenade jusqu'à la campagne; je veux annoncer la grande nouvelle à mon vieil ami Philippe, et revêtir l'habit de fête, l'habit de Fleurus l'aînée; c'est une relique de drap qui, j'espère, ne déparera point les brillans uniformes de votre état-major.

LE MARÉCHAL.

C'est cela... Nous avons tous notre amour-propre national ; pour faire honneur à votre habit de Fleurus l'aînée, je mettrai mon vieil uniforme de Berghem et du Helder... à ce soir. Adieu.

(Anglès sort. Entrent les officiers d'état-major.)

Messieurs, l'empereur a battu.....

LES OFFICIERS.

Vive l'empereur ! vive l'empereur ! vive l'empereur !

(Ils s'embrassent tous.)

LE MARÉCHAL.

L'empereur a battu l'ennemi à Fleurus : nos camarades de l'armée grande par excellence, ont sauvé l'empire d'une seconde invasion ; vous savez tous, messieurs, ce qu'est une victoire au début d'une campagne, surtout une victoire avec un nom de Fleurus ; c'est un premier coup d'épée qui tue la coalition. Cette victoire nous impose à nous de nouveaux devoirs dans le poste honorable où nous a placés la confiance de l'empereur : que la modération soit plus à l'ordre du jour que jamais ; que nos réjouissances militaires éclatent sans air de morgue et de bravades au milieu de cette ville ; on dit que nous attendons une victoire pour commencer la persécution des royalistes, il faut leur prouver que cette victoire assure leur repos et leur sécurité. Que des idées de paix et d'union civile soient désormais dans tous nos entretiens.... (Il fait signe d'approcher à l'aide-de-camp de service.) Il y aura fête ce soir dans mon hôtel ; vous donnerez vos ordres pour les invitations ; vous ferez vos choix dans le commerce, la marine et la bourgeoisie. Nous irons au théâtre de neuf à dix ; vous ferez prévenir qu'on joue *l'Oriflamme* ; on ne doublera pas les postes à midi ; le 14ᵉ de chasseurs est consigné dans sa caserne hors la ville; toute patrouille de jour est supprimée jusqu'à nouvel ordre; le service des *rondes-majors* se fera à pied... Au coucher du soleil, cela et un coup de canon... Allez.

(L'aide-de-camp sort.)

Messieurs, vous me ferez tous l'honneur de dîner avec moi, aujourd'hui; ainsi ayez soin que toutes vos affaires de service soient terminées avant six heures; après le dîner nous aurons bal et concert. Vous pouvez vous retirer.

(Les officiers sortent. Restent le maréchal et Mouton-Duvernet. Le maréchal sonne; entre un valet-de-chambre.)

LE MARÉCHAL.

Mon chocolat, je suis encore à jeun; il faut prendre des forces, nous aurons de la besogne aujourd'hui. Général Mouton, voulez-vous déjeûner avec moi?

MOUTON-DUVERNET.

Merci, maréchal, j'ai déjeûné.

(On apporte le déjeûner sur un guéridon. Le maréchal s'asseoit.)

LE MARÉCHAL.

Général, je compte sur vous ce soir au concert... D'abord il faut que vous m'aidiez à composer le programme; c'est urgent... Voyons quelle ouverture choisissons-nous?

LE GÉNÉRAL MOUTON-DUVERNET.

Mais... *la bataille d'Austerlitz*, je crois...

LE MARÉCHAL

Oui, c'est toujours de circonstance, avec l'empereur... point de petites ariettes, n'est-ce pas? il nous faut un concert mâle, tout militaire... ah! le chœur obligé de la Vestale : *De lauriers couvrons les chemins.*

LE GÉNÉRAL MOUTON-DUVERNET.

Indispensable! c'est encore de circonstance... après, le duo de *l'Oriflamme...*

LE MARÉCHAL.

C'est cela!... il faut nous exécuter de bonne grâce, et supprimer pour cette fois, *Veillons au salut de l'empire ;* nous aurons à coup sûr quelques dames royalistes, qui viennent parce qu'on danse, mais qui aux premières mesures de l'air républicain demanderaient leurs schalls et leurs chapeaux... Allons, il faut faire ce sacrifice aux dames... Avez-vous une idée pour le chœur final?

LE GÉNÉRAL MOUTON-DUVERNET.

Oh ! c'est tout trouvé... le chœur de *Fernand-Cortez* : *Marchons ! suivons les pas du guerrier intrépide.*

LE MARÉCHAL.

A merveille! à merveille!... (Entre un aide-de-camp qui remet un pli.) C'est encore un pli du gouvernement... Ce sont les détails de la victoire sans doute... voyons... (il lit) Ah !! c'est à tuer sur place comme un boulet!

LE GÉNÉRAL MOUTON-DUVERNET.

Maréchal! maréchal! qu'avez-vous?

LE MARÉCHAL.

Soyons hommes, général... La grande armée est morte!

MOUTON-DUVERNET.

Impossible! maréchal, c'est un piège qu'on vous dresse...

LE MARÉCHAL.

Non, non... voilà le sceau du ministre, et puis regardez, regardez... c'est justement la même plume qui a tracé la nouvelle de la victoire.. oh! c'est à s'abîmer à cent pieds sous terre.

MOUTON-DUVERNET.

Et l'empereur? l'empereur?

LE MARÉCHAL.

On ne parle pas de l'empereur... il doit être mort avec sa GARDE... C'est à mont Saint-Jean que nous avons été écrasés... ah! ils étaient dix contre un; pauvre Garde impériale!

LE GÉNÉRAL MOUTON-DUVERNET.

Excusez, maréchal... il faut que je pleure... laissez-moi pleurer...

LE MARÉCHAL.

Eh! nous sommes seuls, pleurons du sang... du sang... comme eux... ah !...

(Il s'asseoit, et laisse tomber sa tête sur ses mains.)

LE GÉNÉRAL MOUTON-DUVERNET.

Après le miracle de l'île d'Elbe !... rien... inutile... un jeu du destin... Eh! cette GARDE n'a pas tout écrasé !!.. on a résisté à la VIEILLE GARDE !!.. les cuirassiers de Valmy n'ont pas entr'ouvert la terre !! Oh ! la tête se fend d'y penser !

LE MARÉCHAL, se levant.

Vingt contre un !... trente peut-être !... qui sait?... Quand la GARDE est démolie sur un champ de bataille, il faut que le monde entier et la trahison soient de l'autre côté... pas possible autrement... enfin c'est fait... maintenant songeons à nos devoirs, nous, général; nos devoirs sont grands... nous avons toute notre vie pour pleurer ce désastre... toute notre vie ! ce sera bien peu de temps peut-être... S'il nous était donné au moins de mourir en soldats, comme nos frères du Mont-Saint-Jean... Mais voilà la guerre civile qui va éclater dans ce malheureux pays... pour moi je ne puis, je ne dois pas en sortir... Cela me rappelle l'insurrection de Milan, où je faillis être assassiné... (il pense) Oh ! à Milan pays ennemi... au milieu d'Italiens... mais ici en pleine France, je n'ai que la guerre civile à craindre... l'assassinat jamais.

LE GÉNÉRAL MOUTON-DUVERNET.

Maréchal?

LE MARÉCHAL.

Au reste... à notre devoir tous... général,

vous restez, vous, à Marseille avec Verdier ; la dépêche me porte l'ordre de partir sur-le-champ pour Toulon, avec des instructions nouvelles... Je vais donc partir pour Toulon... (Il sonne, entre un valet-de-chambre.) A propos, eh ! ce pauvre Anglès qui est allé en toute joie porter la bonne nouvelle à son vieil ami... ils mourront tous deux du contre-coup... Je vais écrire à ce pauvre Anglès de venir coucher à l'hôtel ; vous aurez la bonté de le recevoir, général. (Il écrit un petit billet, sonne, et le remet au valet-de-chambre.) Donnez ceci à un chasseur d'ordonnance... Quant à nos invitations, il faut les contremander, ça va sans dire... Y a-t-il exemple d'une aussi brusque transition de la vie à la mort!!.. Oh ! que le destin est écrasant avec ses combinaisons... Ce serait bien le cas de réciter *l'ô diva gratum quæ regis Antium*...Allons, il faut nous séparer, général Mouton... c'est peut-être pour toujours... Nous avons trois abîmes de-

vant nous, la guerre civile, l'assassinat et l'é-
chafaud... Adieu, embrassons-nous.

(Ils s'embrassent.)

LE GÉNÉRAL MOUTON.

Que nos destinées s'accomplissent !

SCÈNE VIII.

(25 juin a 5 heures après midi.)

Un petit chemin de campagne. Une muraille grisâtre avec des massifs de lierre et d'olivier qui surplombent. A gauche un enfoncement circulaire de mur avec un portail à grille de fer; devant, une charrette à demi-chargée de bottes de foin. Une croix de jubilé à l'angle du mur.

ANTOINE, roulant une botte de foin.

Par bonheur, les jours sont longs... j'arriverai encore à la ville avec la chaleur... voyons quelle heure est-il? (il regarde le ciel) trois heures et demie tout au plus; le soleil n'est pas encore au grand cerisier... Ce foin frais va leur donner du froid au ventre à ces chevaux de Brune... si ça pouvait leur faire tourner les jambes en l'air à ces chevaux de bonapartistes... M. Dumeurier est un bon royaliste lui, mais pour un écu neuf il danserait devant la poule de Bonaparte ; il va vendre son foin à ces huguenots ! quelle conscience !... ah !!!.. reposons-nous un peu... que ceux qui sont pressés attendent... tiens voilà monsieur Godeau, qui vient de la ville... marchand de drapeaux blancs (Il crie) eh ! monsieur Godeau, qu'y a-t-il de neuf ? allons, comptez-moi quelque lanternerie... A celui-là on ferait croire que les lièvres font des œufs.

(Arrive M. Godeau tout essoufflé.)

M. GODEAU.

Vive le roi ! vive le roi... où est monsieur Dumeurier ? vive le roi... cette fois c'est la bonne... Antoine, où est monsieur ?... ah ! je le vois sur sa terrasse qui fume la pipe...

(Il entre par le portail, en criant vive le roi.)

ANTOINE.

Si celui-là n'est pas fou, faites-le faire

de commande... Allons, voici encore le drapeau blanc de Mlle Auzet qui va sortir de contrebande... et puis nous aurons encore les gendarmes, les commissaires, et le tonnerre de D***. Cette fois je m'en secoue... Ils vous plantent là comme des dindes, et on reçoit les atouts pour eux... Ah! qu'ils aillent se faire bénir par saint Eloy... oh! oh! miracle! voilà un olivier qui porte une tête de chrétien!

(M. Duteuil parait dans les branches d'un olivier sur le mur voisin.)

M. DUTEUIL à voix basse.

Antoine, Antoine!

M. ANTOINE.

Ah! c'est, vous, monsieur le crâne... comment va Joachim?

M. DUTEUIL.

Mieux... est-ce toi qui viens de crier *vive le roi* là?

ANTOINE.

Non... c'est M. Godeau... vous voyez que ce n'est personne... moi je ne crierai vive le roi qu'au milieu de cent camarades qui auront des estomacs durs comme cette borne de portail, et qui ne porteront pas les blessés à l'ambulance... entendez-vous monsieur, Duteuil ?

M. DUTEUIL.

Bien, mon ami, voilà qui est parlé.

ANTOINE.

Allons, puisque vous le prenez comme ça, vive votre face !... laissez-moi finir de charger mon foin ; vous devriez bien venir me donner un coup de main ; avec mon bras cassé j'ai besoin d'aide.

M. DUTEUIL.

Antoine, Antoine... voici les nôtres ! voici l'*étranger*, avec le drapeau blanc ; regarde là-bas dans le chemin.

ANTOINE.

Ah ! pour le coup, il y a quelque chose... eh ! eh ! ici ! ici !

(Arrivent l'*étranger* et une troupe d'hommes armés ; un d'eux porte un drapeau blanc, M. Duteuil descend de la muraille.)

L'ÉTRANGER.

A la ville, à la ville, Antoine....

ANTOINE.

Il retourne de la bonne au moins cette fois.

L'ÉTRANGER.

Fini, fini... le drapeau blanc est partout.

ANTOINE.

Vous l'avez vu?

L'ÉTRANGER.

Je l'ai vu.

ANTOINE.

Je vous crois, vous...

L'ÉTRANGER.

Mais on se bat à la ville, et nous sommes ici...

ANTOINE.

Eh bien! à la ville! moi je suis prêt; mon fusil est là dans l'herbe... laissez-moi rentrer mon foin et fermer le portail.

L'ÉTRANGER.

En t'attendant, j'ai une affaire qui presse à régler là... chez le voisin.

ANTOINE.

M. Anglès... et laissez ce pauvre vieux tranquille.

L'ÉTRANGER.

Antoine, ne te mêle pas de lui, nous nous fâcherions. (à la troupe.) Vous autres, allez m'attendre chez M. Dumeurier... passez par le portail... Duteuil, venez avec moi.

ANTOINE, seul.

Il est bien enragé contre cet Anglès... est-ce qu'il voudrait acheter sa campagne, en la payant à l'italienne ? (Il fait le signe d'un coup de poignard.) Ah ! il est du sang des Sarrasins... non ! bah ! il faudrait être un démon de l'enfer pour tuer un vieux..... ah ! ce ne seront pas des chevaux bonapartistes qui mangeront mon foin..... allons un peu voir... voici un brave homme qui

vient de la ville..., mais c'est un monsieur....
c'est....ah! mon Dieu...Saint-Clair, ouvre-moi
les yeux.... c'est lui... c'est M. Anglès...... fermons vite le portail pour que ces *setellits* ne
puissent pas sortir de ce côté..... voyez ce pauvre homme... eh! il chante!.. il me semble que
les nouvelles ne sont pas trop bonnes pour lui...
oh! il faut l'empêcher d'aller à sa campagne.

(Arrive Anglès par la droite du chemin.)

ANTOINE.

Bonjour, monsieur Anglès.

M. ANGLÈS.

Bonjour, mon ami... ah! c'est le paysan du voisin.

ANTOINE.

Pour vous servir, monsieur Anglès.

M. ANGLÈS.

Eh bien! la recolte est bonne cette année?

ANTOINE.

Et comme le bon Dieu nous l'a donnée (à part)

Ah! moi qui vais lui parler du bon Dieu!
c'est un philosophe!..... (haut.) Nous aurons
vingt charges de bled.

M. ANGLÈS.

Tant mieux! tant mieux!... allons bonsoir,
bonsoir.

ANTOINE, le rappelant.

Monsieur Anglès, monsieur Anglès.

M. ANGLÈS.

Ah! je suis pressé, mon ami, j'ai une bonne
nouvelle à porter à la campagne.

ANTOINE.

Une bonne nouvelle! pauvre homme! vous
venez de la ville, monsieur Anglès?

M. ANGLÈS.

Il y a deux heures que j'en suis sorti.

ANTOINE.

Eh bien! on a fait du chemin en deux heures... tenez, écoutez, écoutez...

(On entend de longs cris de vive le roi.)

M. ANGLÈS.

Bah ! la famille Dumeurier fait encore ses folies !

ANTOINE.

Chut ! chut !... n'avancez pas, pauvre vieux... (Il monte sur la charrette et regarde dans la campagne.) *L'étranger* est caché derrière la garenne... avec son fusil, comme à *l'espère* des lapins...... M. Duteuil est entré dans la campagne..... il en sort et fait signe qu'il n'y est pas... *l'étranger* frappe la terre avec la crosse du fusil... ils descendent au chemin, furieux... Assez vu... monsieur Anglès, je vais vous parler le cœur sur la main... on veut vous assassiner.

M. ANGLÈS.

Moi!

ANTOINE.

Oui, oui, vous.

M. ANGLÈS.

Où sont-ils ceux qui veulent m'assassiner?

ANTOINE.

Ils sont à deux pas d'ici... si vous passez le coin du portail, vous êtes perdu... si vous entrez chez M. Dumeurier aussi, si vous retournez à la ville aussi...

M. ANGLÈS.

Ils oseraient tuer un vieillard, en plein midi !

ANTOINE.

Et dans le premier moment de rage, oui; on a le sang brûlé, on ne sait pas ce qu'on fait... Ce soir, peut-être, vous ne risqueriez rien... à présent, tout.....

M. ANGLÈS.

Comment ces brigands de royalistes.....

ANTOINE.

Ah ! doucement, monsieur Anglès... doucement... les royalistes sont de braves gens... et je vais vous le prouver...

(Il regarde sur la partie gauche du chemin.)

Voilà l'*étranger* et Duteuil!.. Monsieur Anglès, sauvez-vous du premier moment... Tenez, croyez-moi, montez sur ma charrette, montez.

M. ANGLÈS.

Mais....

ANTOINE, vivement, et le plaçant sur la charrette.

Montez, montez... et retenez votre haleine.....

(Il le cache sous le foin.)

Allons, c'était dit que ce foin servirait à des bonapartistes..... Ah! voici le quart d'heure où la soupe va bouillir... c'est comme à la comédie du *Pavillon* dans *Tikéli*..

(Il chante en liant les bottes de foin)

Laisse en paix le dieu des combats;
Qu'à Sirène il cède le pas,
Et si tout bas l'orgueil le gronde,
Que ma voix tout haut lui réponde
Eh! pourquoi...

(Arrivent l'*étranger* et M. Duteuil).

L'ÉTRANGER.

Décampé!.. mais nous l'aurons le brigand..

Antoine, tu n'as pas encore fini avec ton foin !

ANTOINE.

Eh ! je ne puis pas aller bien vite avec mon bras cassé... Je n'ai qu'un bras, moi, l'autre, c'est pour figure...

M. DUTEUIL.

Eh bien! nous allons t'aider à rentrer ta charge.

(Il s'approche de la charrette.)

ANTOINE, le retenant.

Grand merci, grand merci, monsieur le complaisant... je ne veux pas vous en avoir l'obligation ; tantôt vous avez fait la sourde oreille quand je vous ai dit de m'aider, à présent, c'est trop tard..... je ferai mon travail sans vous, mal gracieux..... il ne touchera pas mon foin ; monsieur Duteuil, ne le touchez pas, ça porte malheur aux bêtes.....

L'ÉTRANGER.

Pourquoi as-tu fermé le portail ?

ANTOINE.

C'est le vent qui l'a fermé... il vient de se lever un mistral qui arrache la queue aux ânes. Vous n'avez qu'à pousser le bouton sous le grattoir..... bien... le voilà ouvert, mettez une pierre pour le retenir.

L'ÉTRANGER, criant dans la campagne.

Eh! eh! arrivez, arrivez, à la ville! à la ville....

ANTOINE.

Monsieur Duteuil, pardon, mettez-vous du côté du portail, vous m'empêchez de travailler.

M. DUTEUIL.

Il est de bien mauvaise humeur aujourd'hui ce cadet; tu as dormi du mauvais côté cette nuit.

ANTOINE.

Ce sont vos coups de fusil d'hier qui m'ont empêché de dormir, monsieur Duteuil... (à part attrape encore celui-là.

L'ÉTRANGER.

Allons, nous te laisserons, Antoine...; tu n'arriveras pas au plus beau...

ANTOINE.

Ah! çà! j'arriverai avant vous à la ville..... sacrebleu, voulez-vous que je laisse mon foin à la rage des Sarrasins?... un peu de conscience, puis...

(Arrivent par le portail une cinquantaine d'hommes armés, drapeau blanc en tête.)

(A part) Voilà les crânes d'hier, il n'y a plus de danger. Oh! les sots corps!

(Il répond par des signes aux salutations de la bande.)

L'ÉTRANGER.

Deux hommes ici de bonne volonté..... Approchez... écoutez-moi bien. Vous allez vous mettre en faction au premier portail là bas à droite... quand vous verrez venir un vieux monsieur en habit à l'antique, avec des culottes courtes, et des cheveux blancs, vous le saisirez au collet et vous le conduirez à la ville, chez M. Duteuil... C'est compris, n'est-ce pas?

ANTOINE.

Il sera bien fin, s'il échappe à présent, M. Anglès... à votre place moi je mettrais quatre hommes en faction; deux au grand portail, et les deux autres au petit... il y a un petit portail, faites attention.

L'ÉTRANGER.

Tu as raison... voyons... deux hommes de plus pour le petit portail..... là bas au pied de la colline.

ANTOINE.

Vous pouvez partir tranquille à présent, le renard est pris... mais faites-lui peur seulement à cet Anglès quand vous l'aurez... eh?

L'ÉTRANGER.

Je verrai ça... Allons sur deux rangs; à la ville.

ANTOINE.

Que Dieu vous bénisse, saintes gens!.. oh! vous pouvez marcher vite, j'arriverai à la ville avant vous..... (Tous s'éloignent excepté Antoine.) Ah! *Tikéli* l'a échappé belle! ouf! j'avais un quintal sur l'estomac!... (Il s'approche de la charrette.) Ne paraissez pas encore, monsieur Anglès..... une minute... une minute...

M. ANGLÈS, soulevant sa tête.

Brave Antoine, touche-moi la main... ces misérables! mais qu'est-ce que je leur ai fait?

ANTOINE.

Ah! çà! je n'en sais rien... ni eux non plus peut-être... c'est la rage de... ah! allez chercher, ils sont comme ça...

M. ANGLÈS.

Mais cet *étranger!* je ne le connais pas cet *étranger*, moi...

ANTOINE.

Eh bien! lui vous connaît... il dit que vous

avez fait la révolution, et que vous avez tué Louis XVI, et que vous n'allez pas à la messe, et que vous dites du mal de M. Cantol, et que vous avez un grand drapeau de la nation, et que vous faites des guillotines, et que vous dénoncez à Brune tous ceux qui vont chez M. Dumourier...

M. ANGLÈS.

C'est une calomnie infâme!

ANTOINE.

Je le crois, mon pauvre monsieur Anglès; mais ceux-là quand ils se sont mis quelque chose dans la tête, ils sont plus entêtés que mon mulet... mais laissons passer la première rage, et ne bougez pas. L'*étranger* est fin comme un moineau; et il se méfie de moi... Que voulez-vous, monsieur Anglès, je suis royaliste à ma mode; mon pauvre père l'était; quand j'étais jeune, l'hiver sous la cheminée, mon pauvre père nous contait la mort de l'autre roi et de sa femme; il nous parlait de ce beau temps de l'ancien régime, où nous avions le drapeau blanc, où l'on achetait pour rien le café et le sucre, où les enfans ne partaient pas pour l'armée à dix-huit ans. Tout ça s'est bâti dans ma tête, et je pleure encore quand j'y pense... nous n'aimons pas Bonaparte avec sa conscription; nous aimons nos bois de pins, nos collines qui embaument, la belle mer de là-bas, les *postes* où l'on tue les grives au mois d'octobre, les contredanses du dimanche sur la place de l'église, les veilles de Noël, où l'on chante devant la crèche : ceux qui partent gais pour l'armée n'ont rien de ces choses-là dans leur pays; Bonaparte nous les enlève, et le roi nous les donne; vive le roi! je suis royaliste, mais touchez là, monsieur Anglès, vous ne risquez rien avec moi.

M. ANGLÈS.

Brave garçon!

ANTOINE.

Attendez encore un peu là.... Je vais voir au chemin...

(On entend un galop de cheval, et une décharge de fusils.)

ANGLÈS.

Ah! mon Dieu!

ANTOINE.

Ne bougez pas... C'est un cavalier de Brune... Les nôtres ont tiré et l'ont manqué... Cachez-vous bien... Les voici...

(On entend une seconde décharge de fusils.)

Tombé!... Mort... Pauvre cavalier, où venait-il se perdre ici?

ANGLÈS.

Le cavalier est tué?

ANTOINE.

Là-devant... Chut, ne parlez pas, les voici... Ils ont tiré soixante pour tuer un homme... Oh! ils sont fiers comme Atarban.

L'ÉTRANGER, il rentre en parlant à ceux qui arrivent,
il tient un billet.

A présent, ils veulent tous l'avoir tué.....
Vous êtes des mazettes. Jetez-moi ce brigand
par dessus la muraille, et apportez-moi son
cheval... Voyons ce qu'il y a dans ce billet.....
c'est un billet de Brune.... le bandit!.. de Brune
à Anglès... Anglès était l'espion de Brune.....
Tas de voleurs! on me fesait espionner.... Je
ne puis pas lire un mot de cette écriture de
diable... Antoine, sais-tu lire l'écriture de
main?

ANTOINE.

Ah! levez-vous; où avez-vous vu que les
paysans sachent lire?...

L'ÉTRANGER, à la troupe.

Voyons, qui sait lire ici?..... personne!.....
vous êtes tous des ânes... et M. Duteuil nous
a quittés!... il s'est arrêté chez M. Godeau....
Enfin, j'ai lu les deux noms, suffit. Ce cavalier

allait à la campagne d'Anglès; Anglès est chez lui... Brigand, je veux te faire frire le foie et le manger... Antoine, toi qui es plus fin que ces étourneaux, vas voir si Anglès est chez lui, je t'attends ici : visite partout.

ANTOINE.

C'est cela, est-ce que je suis votre valet? j'ai des affaires ici...

L'ÉTRANGER.

Mais qu'est-ce que tu fais là depuis deux heures? j'aurais rentré moi tout le foin du terroir!

ANTOINE.

Ah! j'ai les côtes au long moi, je le prends à l'aise.

L'ÉTRANGER.

Un jour comme aujourd'hui?

ANTOINE.

Tous les jours : ma mère m'a fait comme ça...

L'ÉTRANGER.

Tu te f... de moi... Antoine... Il y a quelque chose là-dessous que je ne comprend pas...

ANTOINE.

Talalararare.

L'ÉTRANGER, furieux se précipite sur la charrette, écarte les bottes de foin et découvre Anglès, en criant :

Je m'en doutais ! le voilà.

ANTOINE, saisit rapidement son fusil et couche en joue l'étranger.

Cent grenailles numéro six dans le ventre, si tu le touches.

L'ÉTRANGER, souriant.

Au port d'armes, au port d'armes, camarade... tu t'es fait bonapartiste aujourd'hui; tu as bien choisi ton jour...

ANTOINE.

Bonapartiste, parce que je ne veux pas qu'on assassine un vieux ! Bonapartiste ! moi qui me battais hier avec toi contre les gen-

alarmés, et qui ai gagné ta vie à *pile et croix*. Ah! levez-vous, vous n'avez point de sens.

L'ÉTRANGER.

Allons, allons, quitte ton fusil, et viens aider ton vieux à descendre de la charrette.

ANTOINE.

Jurez-moi sur votre scapulaire, sur la croix du Jubilé qui est à cette muraille, que vous ne le toucherez pas.

L'ÉTRANGER.

Mais s'il est coupable...

ANTOINE.

S'il est coupable on le jugera, vous n'êtes pas juge, vous.

L'ÉTRANGER.

Et si après l'avoir jugé il est reconnu criminel?

ANTOINE.

Alors comme alors, comme le bon Dieu voudra... mais en attendant, jurez de le mener à la ville sans lui donner un coup d'épingle.

L'ÉTRANGER.

Va, tu fais bien de moi tout ce que tu veux; il n'y a pas deux hommes comme toi dans le terroir; eh bien! je le jure, es-tu content?

ANTOINE, il décharge son fusil en l'air.

A la bonne heure... A présent, monsieur Anglès donnez-moi la main, et descendez. Vous êtes avec des chrétiens.

ANGLÈS.

Oh! je n'ai pas peur, tous ces messieurs sont d'honnêtes gens.

L'ÉTRANGER.

Oui, oui..... Allons vous autres, sur deux rangs.

ANTOINE.

A la ville! *et vive le roi!* prenez mon bras comme une dame, monsieur Anglès. Vous vivrez encore vingt ans.

(Tous entrent dans le chemin de la ville.)

SCÈNE IX.

MÊME JOUR. — AU CRÉPUSCULE.

La maison de M. Duteuil dans un faubourg de la ville. Un salon délabré. Des volontaires royaux se promènent dans le fond. Deux sentinelles sont placées à la porte. Anglès et Antoine assis sur le devant. Un sergent de volontaires appuyé sur la croisée et regardant en dehors.

ANTOINE.

Eh! dites, espèce de sergent, nous resterons long-temps encore ici comme ça?

LE SERGENT, sans quitter sa place.

Je ne sais pas... C'est possible... (Il s'asseoit sur la croisée le dos tourné vers la rue) j'entends tirer des coups de fusils de ce côté... sur la route de Toulon... l'Étranger et M. Duteuil doivent être par là...

ANTOINE, à part.

L'Étranger, je le crois, mais cette poule mouillée de Duteuil......!

LE SERGENT, imitant une décharge de fusils.

Brrrrrrrrr allez, ça va ferme; au moins si Brune pouvait y rester à la bataille.

UNE VOIX DU FOND.

Ah çà! Brune est décampé depuis ce matin; allez lui courir après; nous étions à Castellane quand sa voiture a passé, nous l'avons criblée de balles, mais il n'y avait personne dedans.

LE SERGENT.

Il est fin le camarade Brune! ah! si celui-là n'est pas poltron! Bonaparte le connaissait bien; un jour il lui dit : Brune, tu es un lâche, et.....

ANGLÈS, se levant.

Eh! mon bon ami, où avez-vous lu ce conte?

LE SERGENT.

Moi, je ne l'ai pas lu, je ne sais pas lire; mais tout le monde l'a lu dans la vie de Brune; demandez-le à M. Duteuil quand il viendra.

ANGLÈS, se rasseyant.

Ça fait pitié.

ANTOINE.

Eh! laissez-les dire, brave homme; ah! si vous allez vous disputer avec eux, ils vous feront devenir fou. (Au sergent) j'ai envie d'aller voir si l'Étranger et M. Duteuil ne seraient pas là-bas au corps de garde, on n'a pas besoin de moi ici.

LE SERGENT, d'un ton d'autorité.

Personne ne peut sortir... C'est ma consigne, j'en réponds sur ma tête.

ANTOINE.

Ah bas! c'est l'Étranger qui vous a donné cette consigne, c'est un farceur qui a voulu rire.

LE SERGENT.

C'est un farceur qui me brûlerait la cervelle si je n'obéissais pas; je le connais...

(On entend des cris dans la rue, le sergent se replace à la fenêtre.)

ANGLÈS.

Ah! mon Dieu! les voici... Antoine, ne me quittez pas au nom de Dieu.

ANTOINE.

Soyez tranquille, brave homme..... Mon Dieu! mon Dieu! ne vous allumez pas votre pauvre sang; je vous dis encore que vous ne risquez rien, non rien; comment voulez-vous que je vous le dise, en chantant?

ANGLÈS.

Ne vous fâchez pas, ne vous fâchez pas, mon ami... Ce n'est pas la mort que je crains, croyez-le bien; à mon âge deux jours de plus ou de moins, ça n'en vaut pas la peine..... mais mourir assassiné!!! ah!..... assassiné dans mon pays!... que lui ai-je donc fait à ce misérable?

ANTOINE.

Vous ne risquez rien.

(Entre un volontaire d'un air triomphant.)

LE VOLONTAIRE.

Encore un! Bessière a descendu la garde, il fait écluse dans le ruisseau du cours. *Vive le roi!* (3)

LE SERGENT.

C'était un gros républicain je crois celui-là?

LE VOLONTAIRE.

Républicain et bonapartiste; on lui a donné deux coups de sabre sur la tête, et trois dans le ventre. Ah! la mauvaise mine qu'il avait ce coquin!

ANGLÈS, bas à Antoine.

Ne leur parlez pas, contenez-vous au nom de Dieu, contenez-vous.

ANTOINE, bas.

Soyez tranquille.

LE SERGENT, au volontaire.

Y étiez-vous aux frères Verse? (4)

LE VOLONTAIRE.

Si j'y étais! tenez regardez ce sang sur mon pantalon, c'est le cadet qui m'a froissé en tombant. Ah! on ne les a pas manqués ceux-là. Oh! je suis sûr qu'ils ont reçu plus de mille coups de bâton sur la tête; ils avaient la vie dure comme des chats : on les a assommés comme des bœufs; il y a des petits polissons qui ont ramassé plus de quarante sols, rien qu'en montrant les bâtons rouges qui ont assommé ces deux buveurs de sang.

LE SERGENT.

C'étaient des brigands finis ces frères Verse?

LE VOLONTAIRE.

Oh! ça fait trembler ce qu'ils ont fait..... ils ont fait les cent coups dans la révolution, tout le monde le dit; ils ne feront plus rien à présent ces rompus.

(Entre un deuxième volontaire.)

DEUXIÈME VOLONTAIRE, d'un air de triomphe montrant son fusil.

Voilà une bayonnette qui en a tué dix-sept!

ANTOINE, se levant.

Tu en as menti.

DEUXIÈME VOLONTAIRE.

Eh! qu'est-ce qui lui parle à celui-là?

ANTOINE.

Eh bien! moi je te parle, tu es un vantard et un menteur, là.

DEUXIÈME VOLONTAIRE.

Mais que veut ce mauvais paysan?

ANTOINE, levant sa main par-dessus sa tête.

Pas de mots, face de juif, ou je te mets un bandeau sur les yeux!

PREMIER VOLONTAIRE.

Tu menaces des enfans de la ville toi !

ANTOINE.

Oui, je les menace, et je frappe quand ils ne lèvent pas langue. Écoutez tous les deux, mes amis les crânes, écoutez...

(Il les tire à part, et à voix basse.)

Vous faites les vaillans, aujourd'hui, pas vrai ! vous faites plus de bruit que toutes les trompettes de saint Jean ; elle tourne belle la carte ?....*. Mais hier, hier matin à l'aube, quand la rosée vous mouillait les pieds sur les genêts de la colline, vous n'étiez pas tant farauds, messieurs les crânes ; je vous ai vus tous les deux, moi, dans la compagnie de perdrix qui s'est levée au premier coup de fusil... Chut..... chut... il ne faut pas le dire....... personne ne m'a entendu....... touchez là tous les deux, là voyons, en amis ; et quand vous passerez à la campagne de

M. Dumourier, demandez Antoine; je vous ferai manger des becs-figues au mois d'octobre, vous vous en lécherez les doigts.

(Il serre la main aux deux volontaires.)

Sergent de poste, où est le sergent?... Ah! écoutez; ce pauvre vieux s'ennuie là tout seul, (montrant Anglès) croyez-le bien on a oublié de venir le chercher, nous allons le conduire à la préfecture avec ces deux camarades...

LE SERGENT.

Non, non, mille fois non ; il faut qu'il reste ici... C'est ma consigne.

ANTOINE.

Ah! bah! est-ce qu'il y a des consignes ici; nous sommes des soldats de paille!

ANGLÈS, bas à Antoine.

Ne l'irritez-pas... Nous ne sommes pas les plus forts.

ANTOINE, s'asseoit auprès d'Anglès.

Je crois que nous sommes les plus forts,

moi..... écoutez, il faut faire un coup d'enfer ; je vais jeter le sergent par la fenêtre, il ne se fera pas mal, il y a tout au plus dix pans de profondeur. Je dis à un de ces deux-là d'aller fermer la porte de la rue et nous nous sauvons par la petite porte du jardin.

ANGLÈS.

Mais ces deux sentinelles, et ces autres qui ont des armes?

ANTOINE.

Ceux-là, avec mon fusil je les tiendrai deux heures en arrêt.....

ANGLÈS.

Mais, mon ami, vous me disiez tantôt que je ne risquais rien.....

ANTOINE, embarrassé.

Oui, c'est juste..... Mais tous ces coups de fusils que j'entends me font bouillir le sang... Et puis je ne veux pas rester ici enfermé comme un lapin de garenne...... Vous devez avoir faim aussi, monsieur Anglès?

ANGLÈS.

Non, mais j'ai soif...

ANTOINE.

Je crois bien; vous avez la fièvre, pauvre homme!..... mais, c'est une maison maudite celle-ci; vous n'y trouveriez pas une goutte de vin... Ah! j'attends encore une demi-heure, pas plus, après j'envoie au diable leur consigne... C'est dit...

(Il se lève et se mêle avec les autres.)

ANGLÈS.

Au moins si je pouvais envoyer quelqu'un à la campagne pour rassurer mon ami... voilà la nuit qui tombe... Il doit être dans un état horrible; Dieu fasse qu'il ne vienne pas en ville!!! ah!..... Ce matin nous avions une victoire... et maintenant tout est perdu... et je ne sais rien, rien... et personne pour m'expliquer ce mystère !... Le maréchal est parti..... il est mort peut-être !..... et Mouton-Duvernet qui était si heureux ce matin! et ces jeunes officiers qui se préparaient à la fête de ce soir!... on les assassine peut-être en ce moment !... (5) Oh ! la vie! la vie!.... Neuf heures sonnent..... Personne pour envoyer à la campagne...... excepté Antoine... mais je ne puis pas me séparer de lui...

(On entend de longs cris de *vive le roi*. Le sergent regarde dans la rue. En dehors la sentinelle de la porte crie *qui vive*, on répond *royalistes*. Antoine se replace à côté d'Anglès, le fusil entre ses genoux.)

LE SERGENT.

Ce sont eux, ce sont eux, je reconnais l'étranger à son plumet blanc.

ANGLÈS, à Antoine.

Que dit le sergent?

ANTOINE.

Rien, rien... On dit que c'est l'étranger qui arrive... Je ne sais pas pourquoi, c'est celui que je crains le moins... Et lui me craint.

ANGLÈS.

Voici le mauvais quart-d'heure.

ANTOINE.

Non, je ne crois pas... La preuve c'est que je vais fumer une pipe... Mais, dites, sergent, est-ce qu'on n'apporte pas une chandelle au moins pour y voir, et pour allumer les pipes? nous sommes tout à l'heure comme dans un four ; moi je n'y vois plus pour parler.

LE SERGENT.

Ça ne me regarde pas.

ANTOINE.

Ce n'est pas dans sa consigne de nous donner une chandelle de six liards. Ah! nous sommes tous des ruinés ici..... Sauf votre respect, monsieur Anglès.

(Il charge lentement sa pipe.)

On voit bien que nous sommes comme au temps de la révolution de M. Dumeurier ; tenez, monsieur Anglès, voilà une once de tabac que j'ai achetée avant-hier ; je n'ai pas eu le temps de fumer trois pipes...

ANGLÈS, sans l'écouter.

Ce pauvre ami doit-il être inquiet ! il doit compter les minutes.

ANTOINE.

Vous n'en voudriez pas fumer une, monsieur Anglès... Vous ne fumez pas peut-être ; ah ! je connais des messieurs qui fument...

ANGLÈS.

Merci, merci, mon ami... Quelle destinée !

ANTOINE, à part.

Ah ! le pauvre homme n'y est plus...

(Un tumulte épouvantable éclate dans le vestibule, on distingue des cri de *vive le roi*, des chants royalistes, des roulemens de tambours, des retentissemens d'armes sur l'escalier. Entre une foule d'hommes armés de fusils anglais à longues bayonnettes, vêtus les uns de blouses bleues, les autres de vestes avec des buffleteries noires en sautoir. Mêlés dans la bande quelques enfans déguenillés portant des bâtons rougis de sang. En tête l'Étranger en frac d'officier sans épaulettes, une ceinture de pistolets, un sabre de cavalerie. M. Duteuil et plusieurs hommes suivent dans le même costume. Ils portent sur leurs habits des taches de sang frais.)

L'ÉTRANGER, avec précipitation.

Où est Anglès..... Sergent de poste, où est Anglès?

LE SERGENT.

Là, là, soyez tranquille, je l'ai bien gardé.

L'ÉTRANGER.

On n'y voit pas ici, ouvrez toutes les fenêtres, nous aurons la clarté de ce réverbère, et nous en aurons assez.

(Anglès reste assis, Antoine est debout à côté de lui, son fusil à la main.)

M. DUTEUIL, à l'Étranger.

Je vais l'expédier.

L'ÉTRANGER.

Ne fais rien encore..... Ne vois-tu pas ce diable d'Antoine.

M. DUTEUIL.

Tiens, cet Antoine qui est encore là!

(Il remet son pistolet à sa ceinture.)

L'ÉTRANGER, bas à Duteuil.

Fesons les choses en règle.... Jugeons Anglès ici, nous sommes sûrs de le condamner, eh?

M. DUTEUIL.

Va... Jugeons-le... ça nous amusera.

L'ÉTRANGER, haut.

Sergent, sergent... chef de poste, prenez dix hommes et conduisez Anglès au corps-de-garde voisin; vous y attendrez mes ordres.

ANGLÈS, à l'Étranger.

Mon bon monsieur, je ne crois pas que vous ayez l'intention de me faire du mal, n'est-ce pas *?

L'ÉTRANGER.

Allez attendre mes ordres; allez.

(Le sergent place Anglès au milieu de son escouade. Ils sortent. Antoine s'asseoit dans un coin du salon sur une chaise placée à rebours; il fume, la tête appuyée sur le dossier.)

M. DUTEUIL, aux volontaires et à ses collègues en uniformes d'officiers.

Asseyez-vous, messieurs...

UNE VOIX.

Il n'y a pas assez de chaises pour tout le monde.

* Toutes les phrases que j'ai mises dans la bouche d'Anglès aux dernières scènes sont historiques.

L'ETRANGER

Eh bien ! asseyez-vous à terre comme les Turcs.

(Il s'asseoit sur une chaise.)

Mes amis, au nom de sa majesté Louis XVIII que je représente ici, je vous donne le pouvoir de juger un brigand que Dieu a mis entre mes mains. C'est ce misérable que je viens d'envoyer au corps-de-garde, en attendant de le faire fusiller quand nous aurons prononcé sur son sort.

QUELQUES VOIX.

Il faut le rompre vif.

L'ÉTRANGER.

Oui, oui, il mérite la mort et l'enfer; je l'aurais déjà *lardé* moi-même, si je n'avais pas, par charité chrétienne, respecté les cheveux blancs d'un vieux. Ainsi nous lui ferons la grâce de le juger, comme si c'était un brave homme. Je vais vous raconter tous les crimes de ce bandit. D'abord c'est un espion de Brune, un.....

TOUS, se lèvent en criant :

Allons l'assommer, allons lui rompre le cou.

L'ÉTRANGER.

Un espion de Brune, voilà la preuve, la voilà (il montre le billet du chasseur d'ordonnance); c'est un billet de Brune, vous pouvez aller le lire sous le réverbère, ou bien...

TOUS.

Non, non, non, c'est un voleur, un bonapartiste, il faut le tuer.

L'ÉTRANGER.

Puis, il a dénoncé à Lecointre-Puyraveau tous les braves royalistes de mon quartier, et il a fait envoyer des gendarmes à ma campagne pour me prendre.

TOUS.

C'est vrai, c'est vrai.

L'ÉTRANGER.

Puis, il a fait faire vingt-sept guillotines...

TOUS.

Assez, assez... partons.

L'ÉTRANGER.

Attendez, attendez, dans la révolution il a fait fusiller le pauvre M. Olivé. Il a fait massacrer le pauvre M. Dubausset, il a fait...

ANTOINE, se levant furieux.

Il n'a rien fait... rien... La preuve, voyons la preuve? la preuve?

L'ÉTRANGER.

Antoine, ne te fais pas un mauvais parti, prends garde.

ANTOINE.

Je ne crains personne, pas même vous, je suis connu dans tout le terroir comme royaliste et brave enfant; vous voudriez me donner un coup de dague à moi aussi? à moi, à moi? Eh! saint homme, demain mes camarades vous mettraient en pièces si vous me fesiez cela avec votre petit doigt! allez parler d'Antoine à la place du village et vous verrez si j'ai des amis! Je ne vous crains pas plus qu'un chien de dévote; vous voulez assassiner un vieux, mais le bon Dieu et moi nous sommes là, vous ne l'assassinerez pas.

PLUSIEURS VOIX.

Si c'est un bonapartiste?

ANTOINE.

Si c'est un bonapartiste, menez-le au fort, et on le jugera.

L'ÉTRANGER.

Antoine, mon ami, nous sommes ici pour le juger...

ANTOINE, il éclate de rire.

Vous autres! vous êtes des juges vous autres? eh bien! comment les trouvez-vous? Ce ne sont pas de jolis juges, tous un pied chaussé et l'autre déchaux? ah! levez-vous, juges de saint Éloy! eh! qu'est-ce qui vous a faits juges?

M. DUTEUIL.

Antoine, tu es chez moi, ne fais pas l'insolent.

ANTOINE.

Monsieur Duteuil, ne nous brouillons pas nous, et ne me faites pas parler; assez dit..... Je vous demande qu'est-ce qui vous a faits juges.

L'ÉTRANGER.

Nous.

ANTOINE.

Ah! ah! on peut se faire juges comme ça, en disant, Je me fais juge. Je ne suis pas un homme de plume et de livre, mais je ne crois pas qu'on puisse se faire juge, là, d'idée, à dix heures du soir.

L'ÉTRANGER.

Nous le jugerons sacrebieu, nous le jugerons.

ANTOINE.

Eh bien! jugez... mais au moins faites venir ici M. Anglès; on ne juge pas un homme quand il n'est pas là, comme chez les sauvages de l'Amérique.

L'ÉTRANGER.

Pas besoin qu'il soit là, c'est un brigand...

ANTOINE.

La preuve?

L'ÉTRANGER.

Il nous a tous dénoncés à Brune.

ANTOINE.

La preuve?

L'ÉTRANGER.

Il a fait faire des guillotines, c'est connu.

ANTOINE.

La preuve, sacrebleu, la preuve... Où sont ces guillotines, voyons-les, les avez-vous vues vous?

L'ÉTRANGER, furieux.

Oui.

ANTOINE.

Vous en avez menti.

L'ÉTRANGER.

(Il saisit un pistolet, et l'arme: on se précipite sur lui pour le retenir, le coup part en l'air.)

Laissez-moi, laissez-moi...

ANTOINE, son fusil à la main.

Laissez-le, ne le retenez pas, s'il fait un pas sur moi, je lui casse la tête d'un coup de crosse.

L'ÉTRANGER, à la troupe.

Camarades, êtes-vous de bons royalistes comme moi? oui, ou non.

TOUS.

Oui, oui.

L'ÉTRANGER.

Eh bien! je vous ordonne d'aller fusiller Anglès; Antoine, nous nous verrons nous deux.

(Un mouvement se fait dans la bande, Antoine se précipite à la porte et barre le passage.)

ANTOINE, exalté.

Mes amis, mes amis, chrétiens baptisés, braves gens, qui avez de vieux pères qui vous attendent à la maison, écoutez, écoutez, vous ne tuerez pas ce pauvre vieux, vous n'êtes pas assez démons pour ça. Mettez-vous la main sur la conscience, et voyez si l'âme ne vous tremble pas à cette pensée? (à *l'Étranger*) qu'est-ce que tu es toi pour nous donner des ordres? tu n'es pas un enfant du terroir, tu es un Génois, qui vient manger notre pain ici; fais-nous voir ton père, ta mère, fais-nous voir l'église où tu as été baptisé, le prêtre qui t'a donné la première communion; lève-toi, tu ne parles pas notre langue; tu n'es pas de notre religion, tu couches à la belle étoile comme un excommunié, personne ne t'a vu enfant jouer sur les places de nos villages; *hou* les Génois! (Un murmure d'intérêt se manifeste pour Antoine) et tu voudrais commander aux enfans de la ville? jamais, jamais; n'est-ce pas, mes amis, que vous n'obéirez pas à un Génois? n'avez-vous pas assez de sang sur vos vestes? savez-vous bien que dans cinq ans, dix ans d'ici, quand vous irez danser aux villages, et vous rafraîchir à la guinguette, on dirait en vous voyant: « Malédiction de Dieu sur ces hommes-là, ils ont assassiné un vieux, ils boivent du sang d'Anglès dans leurs verres! les voilà les assassins! » Savez-vous bien qu'aucune brave fille ne voudra devenir votre femme? que vous ne pourrez plus tremper votre main dans l'eau bénite? que la nuit, les âmes du purgatoire vous enverront des songes rouges à vous faire tomber du lit? savez-vous bien qu'un vieux est comme une relique, comme un corps saint qu'on ne touche pas sans faire un péché mortel? Mes amis, mes amis (il les prend tous successivement dans ses bras.) C'est un enfant du terroir comme vous qui vous parle, c'est un royaliste qui se ferait tuer pour le drapeau blanc; vous me connaissez tous, pas vrai? (attendrissement presque général) Vous n'écouterez pas cet enfant de la Calabre, vous crierez tous avec moi : La vie, la vie au pauvre vieux...

TOUS, moins quelques uns qui se rapprochent de *l'Étranger.*

La vie, la vie!

ANTOINE.

Oui, oui, la vie, la vie! combien sommes-nous qui crions : La vie... (Il compte) nous sommes quarante-sept! c'est un jugement ça aussi.

L'ÉTRANGER, d'un ton de calme affecté.

Oui, oui, c'est un jugement..... (Il s'approche d'Antoine.) Mauvaise tête; ah! il faut que je t'aime bien pour te pardonner toutes tes folies; allons touche la main au Génois, on ne fera rien à ton vieux. (Antoine et *l'Étranger* se serrent les mains.)

ANTOINE.

Oh! mon Dieu, sans rancune, je suis

comme ça moi ; ça me passe comme ça me prend ; je suis né au mois de mars.

M. DUTEUIL.

Tu as bien parlé, Antoine..... tu ne me touches pas la main à moi aussi?

ANTOINE.

Moi je ne ne vous en veux pas, monsieur Duteuil, je n'en veux à personne; j'ai sauvé la vie à ce pauvre homme, eh bien !...

L'ÉTRANGER.

Eh bien! ton pauvre homme ne risquait pas plus que toi ; je voulais le sauver moi le premier.

ANTOINE.

Bah !

L'ÉTRANGER, souriant.

Eh! saint enfant, si j'avais voulu le tuer, qu'est-ce qui m'en aurait empêché? j'ai pu le tuer vingt fois aujourd'hui. Nous allons le conduire au fort pas vrai?

ANTOINE.

Oui, au fort, s'il est coupable on le jugera, quand il y aura des juges, mais de bons juges avec des robes noires, et des crucifix à la muraille comme au palais.

L'ÉTRANGER, lui frappant sur l'épaule.

C'est ça, touche encore là, et amis à la vie et à la mort, en braves.

ANTOINE.

Je voudrais effacer ce qui est arrivé, mais...

L'ÉTRANGER.

C'est effacé, embrassons-nous (Ils s'embrassent) allons vous autres, qu'on me suive; Antoine, viens avec nous.

(Tous sortent.)

SCÈNE X.

MÊME JOUR, 10 HEURES DU SOIR.

Des allées de platanes. A gauche un angle de rue avec ce nom *rue Saint-Basile*. Un drapeau blanc à une croisée avec cette inscription en cœur *Vive le roi!* fleurdelisé aux quatre angles. Au fond à gauche un corps-de-garde. Un réverbère pend à l'angle de la rue.

L'ÉTRANGER entre par la droite. Puis DUTEUIL et ANTOINE.
La même troupe d'hommes qu'à la scène précédente.

L'ÉTRANGER, à la troupe.

Halte là... je vais chercher le vieux ; attendez-moi.

ANTOINE.

Et souvenez-vous de votre promesse, au moins.

L'ÉTRANGER.

Sois tranquille, mon ami.

<small>(Il entre dans le corps-de-garde du fond.)</small>

ANTOINE.

Ah! je m'en souviendrai moi de celle-là! elle compte cette journée..... Quelle journée! elle ne serait pas payée un écu neuf!

M. DUTEUIL.

Tu es un brave enfant, Antoine...

ANTOINE.

Ah! j'ai parlé comme un Cicéron*! nous avons tous la langue bien déliée dans notre famille; nous ne sommes que des paysans, sans lecture, sans chiffre, mais nous avons bien souvent fait taire des *franciots*. Aussi, ce pauvre vieux! cette pauvre âme! c'est un bonapartiste, un républicain, eh!

<small>* Le nom de Cicéron est arrivé par tradition au peuple de Marseille. Les droits de cette ville, avaient été souvent défendus à la tribune aux harangues, par le grand orateur romain, et la reconnaissance popularisa son nom chez les Marseillais.</small>

ce serait le diable habillé en homme que nous ne pouvons pas lui donner une chiquenaude; il est de chair et d'os comme nous; et puis il a une mine de bienheureux... Ah! le voici...

(Arrivent du fond l'*Étranger* et Anglès.)

ANGLÈS, pâle et d'une voix éteinte.

Mes bons amis, mes bons amis, vous ne voudriez pas me faire de mal, n'est-ce pas, à moi, à un vieillard qui n'ai plus que quatre jours à vivre?

ANTOINE, le prenant sous le bras.

Mon père, vous ne risquez rien; vous êtes avec des amis... Des royalistes, c'est vrai, mais de braves gens; nous allons vous conduire au fort; vous y resterez jusqu'à demain. Vous serez mieux au fort que chez vous... Mais vous ne me reconnaissez pas, monsieur Anglès? regardez-moi bien sous le fanal.

ANGLÈS, le regardant sous le réverbère.

Non, je ne vous reconnais pas, mon ami..... Eh! oui, oui, Antoine......

ANTOINE.

Ah! le pauvre vieux n'y est plus! allons vous me reconnaîtrez mieux demain. Partons. Cette nuit, monsieur Anglès, vous n'aurez pas d'autre sentinelle que moi.

ANGLÈS l'embrasse en pleurant.

Brave jeune homme...

(Pendant ce dialogue *l'Étranger* et M. Duteuil s'entretiennent à voix basse et à l'écart.)

ANTOINE.

Allons, partons, partons. Voyons, sur deux rangs, monsieur Anglès au milieu comme un roi.

ANGLÈS.

Mais, écoutez... Si je pouvais envoyer quelqu'un chez moi, pour rassurer mes pauvres amis qui doivent être tant dans la peine... Si quelqu'un de ces messieurs.

ANTOINE, à part.

Quels messieurs!.. (Haut.) Mais, monsieur Anglès, vous ne demeurez pas vous dans une rue à des numéros; personne ici ne pourrait déterrer votre campagne; et à cette heure... (Il regarde au ciel) Il est plus de dix heures, monsieur Anglès... C'est vrai que ces pauvres gens doivent être bien inquiets.... surtout votre ami..... (Il pense.).. Écoutez, monsieur Anglès, moi je sais votre campagne; je la trouverai les yeux fermés; je vais courir comme s'il fallait gagner une écharpe; et dans une petite heure je suis au fort...

ANGLÈS.

Mais au moins, je ne risque rien avec ces messieurs?

ANTOINE.

Monsieur Anglès, vous avez de la lecture vous; avez-vous jamais lu dans un livre de payens, de Grecs, de Génois, que cinquante hommes, baptisés au nom de Jésus-Christ, soient tombés sur un pauvre vieux de septante ans pour le tuer?

ANGLÈS.

Jamais, jamais, mon ami, c'est impossible; Dieu ne le permettrait pas.

ANTOINE.

Son tonnerre tomberait avant..... et puis à présent vous ne risquez rien ; c'est jugé ; un homme n'a que sa parole..... je vais à votre campagne, et gai comme un chevreau... Soyez à Dieu, monsieur Anglès... dans une petite heure nous nous reverrons. (à la troupe.)... Mes amis, je vous le recommande, gardez-le bien.

(Il dit quelques mots à l'*Étranger* et à Duteuil et s'éloigne en courant.)

L'ÉTRANGER, à Anglès.

Êtes-vous prêt?

ANGLÈS.

Je n'attends que vos ordres, mes bons amis.

L'ÉTRANGER.

Allons, sabre en main, pour escorter jusqu'au fort.

(Il désigne dans la bande, compte et fait sortir des rangs quarante-sept hommes et leur dit :)

Vous autres, allez à la barrière, je n'ai pas besoin de vous, il ne faut pas une armée pour accompagner un homme.

(Le détachement s'éloigne.)

(A Duteuil haut.) Nous sommes débarrassés des drôles. Anglès, prenez mon bras et partons.

ANGLÈS.

Mais si nous passions par la ville; cette rue est bien sombre...

L'ÉTRANGER.

Bah! par la ville... On se bat dans la ville; si on vous y reconnaissait, vous feriez écluse au premier ruisseau.

ANGLÈS.

Et puis je suis avec de braves gens, n'est-ce pas, mes amis?

L'ÉTRANGER, souriant.

Avec de bons royalistes, ça dit tout; pas vra, monsieur Anglès?

ANGLÈS.

Eh! nous voulons tous le bonheur de la France!

L'ÉTRANGER.

Ah! oui le bonheur de la France; prenez mon bras, monsieur Anglès.

ANGLÈS.

Volontiers, merci, je suis bien fatigué.

L'ÉTRANGER.

Soyez tranquille, vous allez vous reposer...

ANGLÈS.

Mais je sortirai demain, n'est-ce pas?

L'ÉTRANGER.

Oui, demain ou après-demain..... Allons, quatre hommes derrière, et les autres devant... Marche.

ANGLÈS.

Ce qui me console, c'est que mes pauvres

amis passeront une bonne nuit... Croyez-vous qu'il trouvera ma campagne, ce bon paysan?

L'ÉTRANGER.

Ne vous mettez en peine que de Dieu, et regardez le ciel...

(Il se retourne en disant:)

Saignez-le!

ANGLÈS.

(Il tombe percé de coups de sabre, de stylets et de baïonnettes.)

Ah! mon Dieu! mon Dieu!

L'ÉTRANGER.

Vive le roi! et qu'il vienne Antoine à présent! je l'attends!

TOUTE LA BANDE.

Vive le roi!

M. DUTEUIL, poussant du pied le cadavre.

Maintenant, que fesons-nous de ce chien?

L'ÉTRANGER.

Le tombereau le ramassera demain... Tiens

il remue encore !... Attends, attends, voleur.

(Il lui tire un coup de pistolet à la tête.)

Si celui-là revient, je vais le dire à Rome.

TOUS.

A présent, à sa campagne ! à sa campagne !

(Ils s'éloignent en chantant *Vive Henri quatre*. On entend dans le lointain et par intervalles des coups de fusils. Le cadavre reste étendu sous un drapeau blanc et le réverbère. Un enfant dépouille Anglès de son habit et l'emporte au bout d'un bâton.)

SCÈNE XI.

(MÊME JOUR — DIX HEURES ET DEMIE DU SOIR.)

La maison de campagne d'Anglès. Un salon simplement décoré. Une horloge à haute caisse de bois dans le fond. Une table avec la nappe et deux couverts; auprès deux fauteuils, sur le dossier de l'un une robe de chambre et un feutre gris de campagne.

LE VIEUX AMI PHILIPPE, Invalide à la jambe de bois.

(Il regarde à l'horloge.)

Dix heures et demie!... Oh mon Dieu! je ne sais plus où je suis... Voilà douze heures qu'il est absent!

(Entre Toinette.)

TOINETTE, les larmes aux yeux.

Ah! il doit lui être arrivé quelque malheur à ce pauvre M. Anglès, je viens de là bas, de chez M. Silvestre, on ne l'a pas vu de tout le jour, de tout le jour; à présent je ne sais plus où aller? ah mon Dieu! mon Dieu! bonne Sainte-Vierge! je vais dire un *Salve* pour lui.

(Elle s'agenouille.)

PHILIPPE.

Ah! si j'avais mes deux jambes j'irais bien jusqu'à moitié chemin de la ville.

TOINETE, priant.

Et moi si je n'avais pas peur... Si j'étais un homme... Mais une pauvre vieille n'est plus bonne à rien... qu'à prier le bon Dieu.

PHILIPPE.

S'il arrive par le petit chemin nous ne pourrons pas le voir venir par cette fenêtre.

TOINETTE, toujours à genoux.

Il viendra par le grand.

PHILIPPE, à la fenêtre.

Pas une étoile au ciel... On n'y voit pas de là là... Toinette, il faut mettre une lampe sur la croisée... il la verra de loin.

TOINETTE, se levant.

Ah! oui une lampe, avec ce gros vent; il faudrait la lampe de *Planié**. Je vais allumer la lanterne...

(Elle tire une lanterne d'une armoire, l'allume et la place sur la croisée.)

PHILIPPE, se promenant.

Oh! comme les minutes passent! oh! mon Dieu! faites que minuit ne sonne pas aujourd'hui... Il y a encore un peu d'espoir d'ici là... Après plus... Toinette, Toinette, ma bonne, fais donc taire le chien qui hurle sur la terrasse; ça me fait peur comme à un enfant.

TOINETTE.

Ce pauvre chien n'a jamais hurlé comme

* Phare du golfe de Marseille.

ça... (Elle se met à la croisée ouverte.) Castor, Castor, tais-toi, tais-toi... Il va venir ton maître; monsieur Philippe, croyez-moi, mangez un morceau en l'attendant, ça vous fera du bien.

PHILIPPE.

Je n'ai pas faim... J'attends.

TOINETTE.

S'il lui était arrivé quelque malheur, nous le saurions, pas vrai? On apprend plus tôt les mauvaises nouvelles que les bonnes, dit le proverbe.

PHILIPPE.

Oui, oui... Écoute, si tu allais encore un peu voir.

TOINETTE.

Où?

PHILIPPE.

Où? Je n'en sais rien. (Il s'approche de la fenêtre.) Que le temps est noir!... C'est le vent de *Labech* qui souffle... On entend la mer comme si elle était là... Ah! Toinette, Toinette! je crois que c'est lui.

TOINETTE.

Dieu soit béni!

(Elle court à la fenêtre.)

PHILIPPE.

Regarde là bas, là bas, sous les amandiers, je vois quelque chose de blanc qui marche.

TOINETTE.

Oui, oui, il me semble.

PHILIPPE, appelant.

Anglès, Anglès... Oh! ce vent coupe la voix; Anglès!

TOINETTE, appelant.

Monsieur Anglès, monsieur Anglès!

PHILIPPE.

Ah! mon Dieu! le chien n'aboie pas.

TOINETTE.

La chose blanche est toujours à la même place... C'est le petit olivier que nous avons planté cette année.

PHILIPPE.

Tu crois... Si tu allais délier le chien.

TOINETTE.

J'y vois mieux que vous, monsieur Philippe...

PHILIPPE.

Chut, j'entends marcher sur l'aire.

(Moment de silence.)

TOINETTE.

Rien, rien... Sainte-Mère de Dieu, je vous promets un *ex-voto*... Oh! on ne fait pas souffrir les gens comme ça... J'ai les trois sueurs.

PHILIPPE.

Et tous ces coups de fusil que nous avons entendus aujourd'hui... Le drapeau blanc est partout... On s'est révolté à la ville... Et...

TOINETTE.

Et?...

PHILIPPE.

Et... Il était à la ville, ce pauvre Anglès! qui sait?...

TOINETTE.

Aussi vous ne voulez jamais me croire,

vous autres... Vous ne vous gênez pas plus que rien avec des voisins démons comme ces Dumeurier... Oh! si nous en sortons de celle-ci, je jette votre drapeau de la nation dans le puits... Vous ne savez pas...

(Onze heures sonnent.)

PHILIPPE.

Onze heures!...

TOINETTE.

Onze heures!... Oh! je vais arrêter la pendule...

PHILIPPE.

Voilà le chien qui hurle encore. On dirait qu'il entend les heures... Castor! tais-toi.....

TOINETTE, d'une voix étouffée.

Quand les chiens hurlent, il y a... des morts.

PHILIPPE.

Ne dis pas ça, Toinette... Ne pleure pas, ma bonne, ne pleure pas... Tu vas me faire pleurer aussi...

(Ils pleurent tous deux.)

TOINETTE.

Monsieur Philippe... Si nous disions les litanies de la Sainte-Vierge...

PHILIPPE.

Tu crois ?... Je dirai tout ce que tu voudras... Mais je n'ai pas la tête à moi... Ah! je perds la respiration... (Il s'approche de la fenêtre.) Rien, rien... On chante chez Dumeurier... Leur salon est illuminé comme pour un bal... Qu'ils sont heureux!

TOINETTE.

Ah! c'est votre drapeau de la nation qui nous a porté malheur...

PHILIPPE.

Bon, bon, ne viens pas me faire de la peine encore...

TOINETTE.

Oh! je ne dis pas pour ça, monsieur Philippe, tenez...

PHILIPPE.

Chut, voici quelqu'un... Cette fois je ne me trompe pas, on marche sur l'aire.....

TOINETTE, à la fenêtre.

Oui, oui, c'est lui, c'est lui... Je reconnais son pas... Ah! il doit avoir bien faim... Je vais vite chercher le thon à la Chartreuse, qu'il aime tant; il doit être sec depuis le temps qu'il est cuit; mais c'est égal.

PHILIPPE.

Vas vite ouvrir la porte de derrière, il sera plus tôt ici...

TOINETTE, éclatant de rire.

Ah! comme je vais lui tirer les oreilles.

(Elle sort en chantant.)

PHILIPPE.

Il paraît qu'il est venu par le petit chemin...

Ah ! il a bien fait, c'est plus court et plus sûr...
Je vais l'attendre les pieds sous la table...

(Il s'asseoit devant la table, met sa serviette sur les genoux, et coupe un pain en deux parts.)

Ah ! ça m'a rendu l'appétit.

TOINETTE. Elle rentre, un plat à la main.

Voilà le thon... Maintenant je vais ouvrir...

(On entend en dehors : *Bonsoir, monsieur Anglès, la compagnie.*)

TOINETTE, effrayée.

Qu'est-ce qui dit bonsoir monsieur Anglès ?

PHILIPPE, se levant et à la fenêtre. Il crie :

Qui vient de passer là ?

TOINETTE, assise.

Ah ! Vierge adorable !

PHILIPPE, criant plus fort.

Qui vient de passer là ?

(On entend en dehors : *C'est moi, c'est moi, monsieur Anglès, moi le paysan de la Verrine, Nicolas; bonsoir, bonsoir, monsieur Anglès; vous vous couchez bien tard aujourd'hui ?*)

TOINETTE, d'une voix éteinte.

C'était Nicolas!

PHILIPPE.

C'était Nicolas!... Rien... Plus rien...

(Onze heures et demie sonnent.)

TOINETTE.

Et demie! (Elle pousse un cri et s'évanouit.)

PHILIPPE.

Bien! cette pauvre fille qui va se trouver mal... Et point de secours! point de secours!

(Il lui jette de l'eau au visage et l'appelle par son nom jusqu'à ce qu'elle revienne à elle.)

Ah! elle rouvre les yeux! Toinette, Toinette... Ne vous effrayez-pas comme ça... Il n'est pas encore si tard, mon Dieu!...

TOINETTE, d'une voix faible.

Onze heures et demie...

PHILIPPE.

La pendule avance... Croyez-le bien... Elle avance au moins d'une grosse demi-heure.

TOINETTE.

Non... non... Elle a sonné midi avec l'*Angelus* de la paroisse... Elle va bien... Pauvre M. Anglès !

PHILIPPE.

Toinette, une idée!...

TOINETTE, se levant.

Une idée, voyons.

PHILIPPE.

Accompagne-moi chez M. Dumeurier... Ils nous donneront des nouvelles là... Ils doivent savoir quelque chose, eux.

TOINETTE.

Je vous accompagnerai à l'enf... au purgatoire... Sainte Marie, gardez ma langue... Et que ferons-nous chez M. Dumeurier, où nous n'avons jamais mis le pied de notre vie, et qui nous regarde comme des excommuniés? Pas lui encore, c'est une bonne pâte d'homme;

mais ses femmes et tous ses royalistes qui viennent lui manger ses dîners ; ah !

PHILIPPE.

Oui, oui, mais il ne faut pas regarder à tout ça... Tirons-nous de peine... Ce ne sont pas des tigres, peut-être, ces gens-là ; quand ils verront deux pauvres vieux, ils seront attendris... Ne perdons pas de temps... Je vais laisser un petit billet sur la robe de chambre d'Anglès, pour l'avertir que nous sommes chez le voisin, en cas qu'il arrive en notre absence... (Il écrit.)

TOINETTE.

Le bon Dieu le fasse !

PHILIPPE.

Ferme cette fenêtre... Ah ! nous mettrons la grosse clef de la maison à sa place ordinaire, au clou du mûrier... Prenons la lanterne... et donne-moi le bras...

TOINETTE, après avoir regardé à la fenêtre qu'il a fermée.

Il y a encore de la lumière chez monsieur Dumeurier.

PHILIPPE.

Pressons-nous, pressons-nous... Et portons une lampe allumée au vestibule.

TOINETTE.

Oui... Que la Sainte-Vierge nous accompagne !

(Ils sortent.)

SCÈNE DERNIÈRE.

MÊME JOUR.

Le salon de campagne de M. Dumeurier comme à la première scène. Plus, un buste de Louis XVIII sur la cheminée, entre deux trophées de drapeaux blancs. Trois lampes sur un guéridon.

M. DUMEURIER, M°°º DUMEURIER, M¹¹º AUZET, M. CO-BARD, M. CANTOL, M. GODEAU. (Tous assis, excepté M. Cobard.)

M. COBARD.

Nous ne nous couchons pas cette nuit........ M. Cantol nous dira la messe de l'aube, et après nous irons déjeûner sous les pins avec du jambon et des poires de saint Jean.

M. CANTOL.

C'est dit... mais je devrais profiter moi que minuit n'a pas sonné pour manger un morceau.

Mme AUZET.

Mais si vous voulez dire la messe de l'aube.

M. CANTOL.

Eh bien! je suis en règle avec les canons... *Il ne faut avoir ni bu ni mangé depuis minuit* dit le concile, il est minuit moins un quart.

M GODEAU.

Ma femme dira que je suis un libertin moi...

Mme DUMEURIER.

Ah! un jour comme aujourd'hui!

M. COBARD.

Alors nous allons chanter encore...

M. DUMEURIER.

Oh! vous avez assez chanté; vous m'avez mis la tête comme ça...

M. CANTOL.

Alors nous devrions faire un petit boston...

M. DUMEURIER.

Faites ce que vous voudrez... je vais me coucher moi...

(Il se lève et prend une lampe. On frappe à la porte de la terrasse.)

Que diantre peut frapper à cette heure?

M. GODEAU.

C'est ma femme qui vient me chercher!

M⁰ᵉ DUMEURIER.

Mon Dieu! elle a peur que nous vous enlevions.

(Entre Claire.)

CLAIRE.

C'est le... là... avec sa vieille.

M¹¹ᵉ AUZET.

Qui? qui?

CLAIRE

Chose... le coquin... Il veut vous parler à vous autres.

M⁰ᵉ DEMEURIER.

Anglès?

CLAIRE.

Non, l'autre.

Mᵐᵉˢ AUZET ET Mᵐᵉ DUMEURIER.

L'Égyptien?

CLAIRE.

Oui le payen!

Mᵐᵉ AUZET.

C'est le malin esprit... C'est le malin esprit!

Mᵐᵉ DEMEURIER.

A cette heure! c'est le démon avec un masque, monsieur Cantol; allez faire le *zorcisme* *.

M. CANTOL.

Au moment où j'allais manger... monsieur Dumeurier, allez voir, vous.

M. DUMEURIER.

Eh! il faut le faire entrer...

Mˡˡᵉ AUZET.

Préparons des signes de croix.

* Exorcisme.

Mme DUMEURIER, le doigt au front.

Moi, j'ai déjà la main là.

M. GODEAU, effrayé.

J'avais idée de partir à onze heures.

(Minuit sonne.)

Mme DUMEURIER.

Juste, minuit! c'est l'heure de Satan.

(Rentre M. Dumeurier, avec Philippe et Toinette.)

M. CANTOL.

Vade retrò, Satanas... Il reste... ce n'est pas Satan, c'est le payen.

Mme DUMEURIER.

Quelle mauvaise mine!

Mlle AUZET.

Mais que vient-il faire ici... Oh! regardez sa vieille, elle fait peur...

M. DUMEURIER, à la société.

Ces pauvres gens sont en peine; M. Anglès n'est pas revenu de la ville et ils n'ont pas de nouvelles de lui... Asseyez-vous, asseyez-vous, voisin.

M. CANTOL, aux dames.

Qu'est-ce que ça nous fait à nous tout ça?

M. COBARD.

Savez-vous ce que c'est? ils viennent nous espionner ici.

PHILIPPE.

Je vous demande mille pardons de vous avoir dérangé, mais entre voisins on doit se rendre service dans les momens de peine ; c'est un acte de charité que je vous demande, vous êtes des personnes de religion, vous ne me le refuserez pas.

M. DUMEURIER.

Oui, oui, mon ami.

Mme DUMEURIER.

Il parle bien ce monsieur.

PHILIPPE.

Vous savez que nous vivons depuis long-temps comme deux frères avec Anglès; nous sommes deux vieillards qui attendons ensemble que Dieu nous appelle à lui.

M. COBARD, à part.

Ah! le scélérat!

PHILIPPE.

Il y a eu du bruit à la ville, aujourd'hui, des malheurs peut-être...

M. GODEAU, l'interrompant.

Il n'y a point eu de malheurs, monsieur.

M. COBARD.

Il y a eu des bonheurs, voilà tout, monsieur.

M. DUMEURIER.

Laissez donc parler.

PHILIPPE.

Excusez-moi, messieurs, si je me suis servi d'un mot qui vous a blessés...

Mme AUZET, à part.

Ah! il est bien poli!

PHILIPPE.

Je suis un vieux soldat d'Égypte qui ne connaît pas les usages du monde, et croyez bien que je n'aurais jamais pris sur moi de vous rendre une visite, si je n'y avais été forcé. Mettez-vous à ma place, messieurs, je suis au moment d'apprendre une bien mauvaise nouvelle. Je suis seul dans une campagne avec cette pauvre femme, j'avais besoin de compagnie et de secours, j'en ai cherché chez mes voisins. Ai-je mal fait? (Il pleure.)

Mme DUMEURIER, attendrie.

Non, non, monsieur.

Mlle AUZET.

Oh! mon Dieu! il pleure? pauvre homme!

(Les deux dames se rapprochent de lui.)

Mme DUMEURIER, émue.

Avez-vous besoin de quelque chose... d'une goutte de vin? d'un bouillon?

Mme AUZET.

Ah ! oui, justement il nous reste du bouillon ; ça vous fera du bien... Je vais vous le chercher.

M. CANTOL, à M. Godeau.

Elles sont folles ces femmes !

M. GODEAU.

Ah ! si ma femme était à leur place, comme elle ferait courir ce bonapartiste ! Qu'il vienne chez moi !

PHILIPPE, retenant Mme Auzet.

Non, non, merci, madame, je n'ai besoin de rien, de rien. Seulement, si vous savez quelque chose sur M. Anglès, que ce soit bon ou mauvais, je vous en conjure, dites-le-moi.

M. DUMEURIER.

Nous ne savons absolument rien, rien.

PHILIPPE.

Bien sûr, au moins ?

Mme DUMEURIER.

Oh! rien... Demain nous saurons quelque chose.

PHILIPPE.

Demain!... Nous y sommes à demain.

M. DUMEURIER, bas à Melle Auzet.

Allez ôter ce buste du roi, ça lui fait de la peine, peut-être...

Mlle AUZET, naïvement au vieillard.

Ça vous fait de la peine de voir le buste du roi là?

M. DUMEURIER, la poussant du coude.

Imbécile !

PHILIPPE, souriant.

Non, laissez tout, ne dérangez rien pour moi, madame, je vous en prie.

M. CANTOL, à Cobard et Godeau.

Ah! qu'ils viennent me demander l'absolution, samedi, je les attends... ces filles de Loth!

PLILIPPE.

Je ne veux pas vous gêner plus long-temps, puisque vous ne savez rien de la ville...

M. DUMEURIER.

Nous savons bien quelque chose... mais sur M. Anglès nous ne savons rien... Dès qu'il fera jour, je vous promets d'envoyer Antoine... Tenez, j'entends sa voix... Oui, c'est lui : il revient de la ville en chantant.

Mlle AUZET, ouvrant la croisée du salon.

Antoine, est-ce vous ?

ANTOINE, au dehors,

Oui, oui, c'est moi.

Mme DUMEURIER.

Bon ! nous allons avoir des nouvelles.

M. DUMEURIER, bas à sa femme.

S'il en a de mauvaises pour Anglès, marche-lui sur le pied.

Mme DUMEURIER.

Ah ! oui.

(Entre Antoine.)

ANTOINE.

M. Godeau est-il ici?

M. GODEAU, effrayé.

Oui, que me veut-on?

ANTOINE.

Moi, rien; c'est votre femme qui vous veut; elle vous croit à la bataille avec M. Cobard. Savez-vous!... Madame Godeau m'a fait perdre une grosse demi-heure à parler sur les affaires de la ville, sans cela j'aurais été plus tôt ici... Et puis j'avais une commission pour les amis du voisin; mais j'ai frappé à la porte vingt fois, il n'y a personne...

PHILIPPE, se levant.

Vous venez de chez nous?...

ANTOINE, étonné.

Ah! vous voilà ici!...

Mᵐᵉ DUMEURIER.

Oui, oui. Pauvres gens, ils sont bien inquiets...

ANTOINE.

Eh bien! ne vous inquiétez plus, mon vieux camarade, M. Anglès est plein de vie, il se porte aussi bien que moi, je viens de le quitter...

PHILIPPE, pleurant.

Dieu soit loué!

(Toinette se jette à genoux en pleurant, et baise les mains de Mme Dumeurier et de Mlle Auzet.)

Mlle AUZET, attendrie.

Relevez-vous, relevez-vous, ma bonne.

ANTOINE.

Pour ne pas vous mentir, je vous dirai que M. Anglès l'a échappé belle; mais j'étais là, moi, je ne l'ai pas quitté d'une semelle...

M. COBARD.

Ah! c'est toi qui lui a sauvé la vie...

ANTOINE.

Oui, oui, c'est moi, monsieur, qu'avez-vous à dire? voyons.

M. COBARD.

Rien.

ANTOINE.

Eh bien! taisez-vous... Pour vous finir l'histoire... Je l'aurais bien amené avec moi ici, mais il y avait du danger; je l'ai laissé avec une quarantaine de braves gens comme moi qui l'ont conduit au fort.

PHILIPPE.

Au fort!

ANTOINE.

Ne vous effrayez pas... Oui, au fort... il fallait laisser passer les premiers momens de rage. Il sera plus tranquille au fort que chez lui, et demain, j'irai vous le chercher; vous l'embrasserez demain, mon vieux.

M. DUMEURIER.

Antoine, tu t'es comporté en brave garçon, en bon chrétien...

CANTOL, d'un ton solennel.

Monsieur Dumeurier, c'est pour la der-

nière fois que je mets les pieds chez vous.....
Mademoiselle Auzet, dites à Claire de prendre mes effets dans la chambre de réserve.

M. DUMEURIER.

Monsieur Cantol, je ne crois pas avoir dit ou fait quelque chose qui puisse vous fâcher.

M. CANTOL.

Vous avez donné dans le vuide.

M. GODEAU.

Ah! et de quelle force!

M. DUMEURIER.

Je ne vous comprends pas.

M. CANTOL.

Vous êtes une idole d'Égypte, *aures habent et non audient*.

Mlle AUZET.

Ah! Sainte-Vierge! est-ce que nous aurions fait des péchés?

M. CANTOL.

Irrémissibles! si vous désespérez de la miséricorde de Dieu.

PHILIPPE.

Si c'est pour moi que vous allez vous brouiller ici, je me retire... Venez, Toinette.

M. COBARD, bas.

Bravo, monsieur Cantol, courage, dites-leur encore quelque chose...

ANTOINE.

Oui, oui, allez-vous-en, mon vieux, et vous aussi, grand'mère; attendez je vais vous accompagner... Bien, vous avez une lanterne, je vais l'allumer, nous y verrons mieux. Vous êtes tranquilles maintenant, pas vrai?

PHILIPPE.

Oh! tout-à-fait... mais que de peine nous vous donnons!

ANTOINE.

Bah! c'est ma vie, moi! laissez-moi faire; dormez bien, et demain en vous réveillant, je vous apporte sous mon bras M. Anglès; mais dites-lui de se faire royaliste...

(On entend en dehors des chants et des cris confus.)

Oh! oh! attendez...

M. COBARD.

J'entends crier *vive le roi!* (il crie) Vive le roi! venez, venez, allons faire la farandole sur l'aire.

PHILIPPE, à M. Dumeurier.

Nous ne risquons rien ici chez vous?

M. DUMEURIER.

Rien du tout.

Mme DUMEURIER.

Ah! il faudrait peut-être faire monter monsieur.

M. DUMEURIER.

C'est inutile.

ANTOINE, à la fenêtre.

Ils sont là; il fait si noir nuit, que je ne puis pas en reconnaître un seul... Faut-il ouvrir la porte, monsieur Dumeurier?

M. CANTOL.

Je vais leur ouvrir moi... Il faut purifier l'air du salon.

(Il sort.)

M. DUMEURIER.

Ne dirait-on pas qu'il est chez lui ce M. Cantol?

Mme DUMEURIER.

Ah! Dumeurier! point de mal des prêtres.

M. COBARD, à M. Godeau.

Laissez entrer les amis, et nous allons faire enrager M. Dumeurier, et ce vieillard de la chaste Suzanne.

M. GODEAU.

Oui, oui, je ne pars pas exprès.

(Entrent des volontaires royaux; au milieu, *l'Étranger* et M. Cantol. En tête un enfant qui porte au bout d'un bâton l'habit ensanglanté d'Anglès.)

L'ÉTRANGER.

Vive le roi!... Monsieur Dumeurier, j'ai tenu parole, reconnaissez-vous cet habit?

(L'enfant jette l'habit devant Philippe.)

PHILIPPE.

L'habit d'Anglès !

ANTOINE.

Malédiction ! où est Anglès ?

L'ÉTRANGER, souriant.

Les chiens de bouchers l'ont déjà mangé ton Anglès.

(Toinette évanouie est emportée par deux volontaires hors du salon, Philippe garde un silence d'effroi, les yeux fixés sur la dépouille sanglante d'Anglès. Antoine, les bras croisés, et muet d'indignation, contemple *l'Étranger*.)

M. DUMEURIER, furieux.

Sors d'ici, assassin, sors, brigand.

Mme DUMEURIER, sanglottant.

Ils l'ont assassiné ! oh ! les maudits de Dieu !

Mlle AUZET.

Otez-vous, ôtez-vous, vous nous faites peur !

(Elle se laisse tomber sur le sopha à côté de Mme Dumeurier.)

M. CANTOL.

Prenez garde, mesdames...

M. DUMEURIER.

Pas un mot de plus, monsieur Cantol...

M. CANTOL.

Malheureux vous élevez la voix contre l'oint du Seigneur...

L'ÉTRANGER.

Laissez-les dire, laissez... (à la troupe.) chantez, vous autres, chantez, ce salon est à vous.

(La troupe entonne le Vive Henri IV.)

M. DUMEURIER, brisant la table de jeu.

Tenez, voilà votre table de jeu. On ne jouera plus.

Mlle AUZET d'une voix étouffée.

Non, non plus... Oh! mon Dieu! pardonnez-nous.

Mme DUMEURIER, sanglottant.

Ils l'ont assassiné! Antoine, ôtez cet habit de là, ôtez-le.

ANTOINE, froidement, toujours les bras croisés.

Ce n'est pas l'habit qu'il faut ôter, ce n'est pas l'habit.

M. DUMEURIER, au comble de la fureur.

Tas d'assassins, sortez d'ici, sortez.

M. COBARD.

Monsieur Dumeurier, ménagez vos...

M. DUMEURIER.

Je ne ménage rien; je suis chez moi, sortez vous le premier, Cobard, sortez.

ANTOINE.

Allons, *hut* sortez.

M. COBARD.

Écoutez...

ANTOINE.

Sors, carlin.

(M. Cobard et M. Godeau se sauvent.)

L'ÉTRANGER, froidement.

Et moi qui me fera sortir?

M. DUMEURIER.

Ah! par exemple! moi je te ferai sortir, moi, sors assassin, tu as déshonoré le nom de royaliste ; tu as trempé tes mains dans le sang de tes frères en Jésus-Christ...

M. CANTOL.

Dans le sang des ennemis de Dieu et du roi ; il a bien fait!

(Les deux dames poussent un cri d'horreur et se couvrent les yeux avec les mains.)

M. DUMEURIER.

Il a bien fait? et vous direz la messe demain, monsieur Cantol, et l'âme ne vous tremblera pas... Sortez tous, vous dis-je, allez boire des caraffes de sang, allez manger des entrailles de chrétiens...

L'ÉTRANGER, reconnaissant Philippe assis.

Oh! oh! le voilà! voilà l'autre brigand. — Camarades, saisissez ce vieux et traînez-le dehors.

(Les deux dames se lèvent en poussant de grands cris et embrassent le vieux invalide, M. Dumeurier et Antoine des chaises à la main le couvrent de leurs corps. Une rixe terrible s'engage. L'invalide est arraché de vive force par les volontaires et emporté hors le salon. On entend un coup de feu dans le vestibule. *L'Étranger* rentre en criant :

En voilà encore un ! on va jeter son cadavre dans ton puits, Dumeurier.

<small>(Antoine et M. Dumeurier donnent des soins à Mme Dumeurier et à sa belle-sœur évanouies sur le parquet, et les déposent sur le sopha. M. Cantol est assis, et paraît indifférent à ce qui se passe.)</small>

CLAIRE, entrant.

Ah ! bonne mère ! quel jour de malheur ! monsieur Cantol, monsieur Cantol, venez vite à la cuisine, la vieille Toinette va mourir, elle demande un prêtre.

M. CANTOL, froidement.

J'y vais...

(Il sort avec Claire.)

L'ÉTRANGER, frappant sur l'épaule d'Antoine.

A nous deux à présent, camarade, tu m'a traité d'assassin; eh ! bien regarde... Voilà deux pistolets chargés, je puis t'assassiner, et je ne le fais pas, tu vois que je suis un brave homme.

ANTOINE, d'une voix étouffée.

Brigand !

L'ÉTRANGER.

A présent, tu vas sortir avec moi... Tiens, choisis... Quel pistolet prends-tu? nous allons nous voir de près, à six pas.

ANTOINE, prenant un pistolet.

C'est ce que tu as fait de mieux dans ta vie, viens.

L'ÉTRANGER.

C'est un duel à la lampe...

(Il s'approche d'un guéridon, prend une lampe, et fait signe à Antoine de prendre l'autre.)

Nous y verrons clair comme ça.

ANTOINE, une lampe d'une main et le pistolet de l'autre.

Viens, brigand!

M. DUMEURIER, il quitte un instant les deux dames et crie :

Antoine, Antoine, ils vont t'assassiner!

ANTOINE.

Impossible! ils n'oseraient pas.

(Antoine et *l'Étranger* sortent: une seule lampe éclaire le salon.)

M. DUMEURIER.

Ah! voilà ma femme qui revient à elle... Marie! Marie!

Mme DUMEURIER, d'une voix sourde.

Les assassins! les assassins! mon Dieu, pardonnez-leur!

M. DUMEURIER.

Oh! jour de malédiction!

(On entend sur la terrasse plusieurs coups de feu.)

Mme DUMEURIER, se levant.

Sainte-Marie!

(La tête pâle d'Antoine paraît au niveau de la croisée.)

ANTOINE, d'une voix éteinte.

Monsieur Dumeurier, monsieur Dumeurier!

M. DUMEURIER.

Antoine! Antoine!

ANTOINE, avec effort.

Priez pour moi, ils m'ont assassiné!

(La tête disparaît.)

M. DUMEURIER.

Miséricorde!!

(Il se laisse tomber à côté de sa femme, en disant:)

25 juin 1815.....

FIN.

NOTES.

Notes.

(1) *Et on l'a pendu à la porte de Paris.*

Le parti royaliste est fécond en nouvelles absurdes, c'est un axiôme général; mais dans les pays méridionaux, cette vérité a plus d'extension que partout ailleurs; la vivacité d'imagination qui, dans les têtes mystiques, dégénère en véritable folie, accueille tous les bruits favorables sans le moindre examen. Il y a toujours là des nouvellistes qui inventent et sèment leurs contes absurdes avec tant de feu et de conviction, qu'ils sont dupes d'eux-mêmes à la fin du jour, et subiraient le martyre avec une étonnante bonne foi, pour défendre les vérités qu'ils ont imaginées le matin. Dans les cent-jours il y eut, comme on peut le croire, un débordement de nouvelles; entr'autres la mort de Bonaparte était annoncée chaque jour officiellement dans les clubs monarchiques et religieux; les journaux du lendemain démentaient les bruits de la veille, mais c'était encore à recommencer; toujours même obstination de mentir, et même obstination de croire. C'est encore ainsi aujourd'hui.

(2) *Ils se sont fait une vie douce, etc.*

Le clergé de Marseille fut, à quelques rares exceptions près, étranger aux crimes de la réaction de 1815. Quelques prêtres, d'un fanatisme dévergondé, laissèrent échapper d'étranges paroles sur le sort des victimes; ils avaient déjà, dans les cent-jours, exalté quelques hommes auxquels il ne manquait plus pour agir que cette sorte d'autorisation sacrée : mais je le répète, ce ne furent là que de bien rares exceptions. A cette époque le clergé n'était composé que de vieux prêtres que l'expérience de l'émigration avait rendus tolérans et sages. Jamais un mot de politique ne sortait de leur bouche; ils n'aimaient pas l'empereur, mais leur sentiment n'éclatait jamais au dehors.

(3) *Encore un ! Bessière...*

Bessière était un ancien militaire, de mœurs simples et d'une conduite irréprochable. On l'accusait d'avoir pris part aux massacres de 1793; et qu'il me soit permis de dire ici que cette vague inculpation qu'on ne se donnait pas la peine d'examiner, a coûté la vie à une foule d'autres hommes innocens comme lui. Prévoyant les malheurs qui menaçaient la ville, et agité d'un sinistre pressentiment, il avait résolu, quelques jours auparavant, de faire son testament, et l'avait commencé par ces mots : *Pouvant, dans le courant de cette révolution, être assassiné comme partisan de Bonaparte, quoique je n'aie jamais aimé cette homme-là, je donne et lègue, etc.* Lors du tumulte, son beau-frère lui connaissant quelques ennemis particuliers, passa une nuit avec lui pour l'engager à fuir ; il refusa constamment de se rendre à ces sages avis. Le lendemain 26 juin, sa maison fut assaillie, et il se sauva par une porte de derrière. Il rencontre quelques gardes nationaux, implore leur secours, et se met sons leur protection. On le conduit au cours Saint-Louis. Harcelé par la populace qui demande son sang, il veut se réfugier dans le café *Mérentier,* on lui en refuse l'entrée; accablé de sueur et de fatigue, haletant et couvert de poussière, il tombe assis sur l'un des bancs; un coup de feu l'atteint et le blesse sans le tuer, et deux autres coups qui l'atteignent dans la poitrine le tuent.

Bessière était âgé de soixante-trois ans.

Sa maison, située dans la plaine Saint-Michel, fut dévastée; on évalue les objets pillés à 40,000 francs.

Sur ce même cours Saint-Louis périt Jauffret, ex-employé de police; il fut assassiné au centre de la ville, et son cadavre resta plus de douze heures dans un ruisseau.

M. Durand (*Marseille en* 1815).

(4) *Y étiez-vous aux frères Verse?*

Voici une lettre extraite de l'ouvrage de M. Durand, qui donne quelques détails sur ces malheureuses affaires.

« Le lendemain du jour de votre dé-
« part, tout était tranquille ici. Les mas-
« sacres n'ont eu lieu que jusqu'à lundi
« au soir; mardi, ceux qui avaient été

« épargnés auraient pu rentrer dans la
« ville sans qu'on leur dît rien. Quels dé-
« tails affreux! Que ces deux journées
« ont été épouvantables! Nous n'avons
« cessé de trembler pour vous, et pour-
« tant vous savez combien je vous rends
« justice; mais l'on vous a vu chez le ma-
« réchal, et l'on croit ici qu'il ne peut y
« avoir de plus grand crime au monde.

« Vos amis P... et B... * ont été heu-
« reux, et l'ont échappé belle; on a été
« chez eux; ils auraient certainement été
« tués si on les y avait trouvés. La
« mère et la fille allaient se réfugier chez
« vous; mais elles aperçurent du sang
« sur votre porte, et n'entrèrent pas.

« Vous connaissiez peu de personnes
« à la ville; quoique ceux qui ont été

* Officiers supérieurs; ils étaient à l'état-major du maréchal.

« massacrés soient presque tous Mame-
« louks ou militaires, on en compte ce-
« pendant quelques-uns qui n'apparte-
« naient à aucune de ces deux classes.

« Une maison a été dévastée *Place*
« *Neuve*, plusieurs au cours des *Mame-*
« *louks;* celles de MM. G... et M... ont
« été pillées, ainsi qu'un assez grand
« nombre de maisons de campagne. Un
« de mes voisins, ancien employé dans le
« syndicat des boulangers, a été égorgé
« le 26 au matin; un employé de la police
« a été tué aussi le 26 sur la place des *Fai-*
« *néans;* son fils, garçon boulanger,
« poussait des cris affreux; on pouvait le
« sauver; il aima mieux périr avec son
« père. Un troisième employé de la po-
« lice, nommé E..... a été assassiné dans
« la journée du 26. L'aide-de-camp du

« général Verdier est aussi compté au
« nombre des victimes. Mais celui qui
« m'a inspiré la plus vive pitié, est un
« père de six enfans.

« M. G......, propriétaire, qui périt
« avec les deux frères *Verse*. On les
« avait amenés ensembles de leur maison
« de campagne; ils furent immolés tous
« les trois sur le cours, en face des *Médu-*
« *ses**.

« Ce que je rapporte n'est rien, vous
« apprendrez bien d'autres horreurs.
« Mais écrivez-moi, de grâce; il me tarde
« d'avoir de vos nouvelles; je ne vivrai
« pas jusqu'à ce jour. »

C......

* Fontaines publiques.

(5) *On les assassine peut-être!...*

On lit dans l'ouvrage déjà cité le passage suivant, empreint de l'exaltation du moment où il fut écrit :

« Tranquilles depuis quelque temps, parcequ'ils commençaient à désespérer de la cause royale, les Marseillais ne provoquaient plus le courroux des militaires, et semblaient se résigner à leur sort. Le maréchal Brune avait quitté Marseille pour aller prendre le commandement du corps d'observation confié à ses ordres. Les premiers succès de notre armée dans les plaines de Fleurus semblaient confirmer l'espérance de nos soldats, quand la nouvelle subite et imprévue de la bataille de Waterloo vint détruire cette illusion, et allumer le terrible incendie qui devait dévorer tant d'innocens et tant de braves. »

On était au 25 juin; aucune nouvelle n'avait fait présager notre défaite, et ce jour, qui était un dimanche, n'offrit rien de remarquable dans la matinée. Vers le milieu du jour, un bruit sourd se répandit dans la ville; le silence des chefs, l'inquiétude des militaires, la joie des habitans de Marseille, tout annonçait qu'une grande nouvelle allait éclater, et l'on semblait en prévoir d'avance les résultats. Un homme, mieux instruit sans doute que ses compatriotes, arrache sa cocarde tricolore, et la foule aux pieds au cri de *Vive le roi!* Les soldats irrités le saisissent et veulent l'emmener au corps-de-garde. La garde nationale s'y oppose. On s'observe, on semble prêt à se mesurer : d'autres cris s'élèvent, les soldats sont entourés, des coups de fusils se font entendre; plusieurs ont déjà mordu la poussière, et l'on proclame de bouche en bouche les revers de l'armée française et le triomphe des alliés. Le général Verdier, qui commandait la place, monte à cheval et veut haranguer le peuple. Il fait enlever d'un café le buste de Bonaparte, qui est livré à la multitude. A cette action imprudente, la populace, certaine de ce qu'elle désire, se porte à l'Hôtel-de-Ville pour enlever le drapeau tricolore. Il devient la proie des flammes, et le pavillon sans tache qui le remplace, semble annoncer qu'un gouvernement paternel succède, et que les troubles sont finis. Mais les vengeances particulières ne sont pas satisfaites. Le sang a coulé à peine, et il en faut encore pour assouvir la soif de ces barbares. On bat la générale, le tocsin sonne; des hommes avides de pillage se précipitent en foule dans la ville, dont la population s'augmente de celle de tous les villages voisins. Français contre Français brûlent de se détruire, ou plutôt un parti seul veut anéantir l'autre, et l'air retentit des cris de fureur de la multitude. Officiers et soldats, tout est égorgé sans pitié, la rage est à son comble; le sang français coule sans s'arrêter, il coule au nom du plus clément des monarques, au nom du petit-fils d'Henri IV, et les scènes les plus déplorables se succèdent tout-à-coup avec une effrayante rapidité.

La garde nationale, dont plusieurs

membres pourtant se plurent à exciter le carnage, se comporta généralement bien. Des officiers et des soldats sauvés de la fureur de la populace, trouvèrent un asile dans les corps-de-garde, où plusieurs gardes nationaux surent les protéger et les défendre. Gloire à ces hommes de bien! que mille graces leur soient rendues! ils nous ont montré seuls dans ce jour d'horreur, que le caractère français n'était pas éteint dans toutes les âmes.

CHEZ LE MÊME LIBRAIRE.

LE
BONNET VERT.

par Méry.

Troisième édition, 2 volumes in-12, prix : 7 francs. Il reste encore quelques exemplaires de la seconde édition, 1 beau volume in-8° avec une vignette de Tony Johannot. Prix : 7 francs 50 centimes.

Cet ouvrage, qui eut le malheur de paraître dans les circonstances orageuses et anti-littéraires qui suivirent notre glorieuse révolution, n'en obtint pas moins un grand succès. C'était le premier ouvrage en prose que publiait un des auteurs

Pagination incorrecte — date incorrecte

NF Z 43-120-12

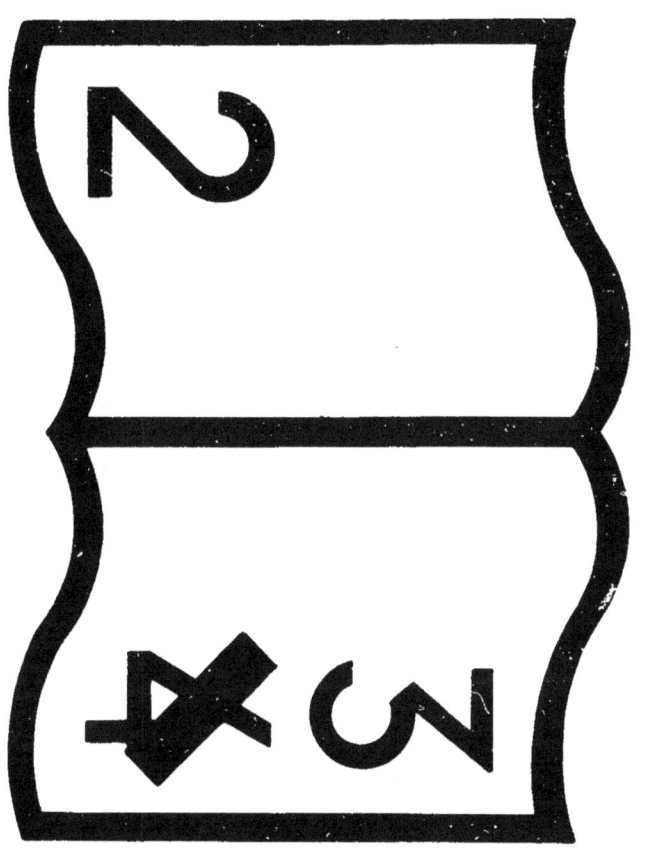

de la *Villéliade*, et de *Napoléon en Égypte*, et le public accueillit cette publication avec une faveur digne des meilleures époques littéraires.

Les journaux, absorbés par les grands intérêts politiques qui se débattaient alors, ne payèrent au *Bonnet vert* qu'une mention d'annonce; quelques feuilles seulement lui consacrèrent un examen détaillé, entr'autres l'ancien Globe, dont les jugemens littéraires avaient tant de poids. Voici quelques passages de l'article de cet excellent journal, sur l'ouvrage de M. Méry.

. . . . « C'est au souvenir du *Dernier jour*
« *d'un condamné* que nous devons l'ouvrage
« du même genre qu'il nous donne aujourd'hui.
« Mais si l'intention fut la même, le sujet et la
« scène sont différens; ce n'est plus au fond d'un

« cachot et sous la main de la mort, que le poète a
« placé le malheureux dont il vient évoquer le
« gémissement révélateur. La fatale victime nous
« dira d'autres douleurs; celles que traîne avec
« lui l'homme des galères lorsqu'il creuse nos
« ports, construit nos citadelles ou riveraines
« ou flottantes, et élève la digue éternelle qui
« défend contre les flots ce pays même auquel il
« n'appartient plus. Il y a dévouement, il y a haute
« et noble poésie à se transporter ainsi loin du
« monde chéri des beaux arts, et loin du rang
« qu'on y occupe, pour s'en venir explorer ces
« limbes de ténèbres et de souffrances où tous
« les vices fermentent, accouplés à tous les maux
« qui les fécondent. Il y a peut-être plus que de
« l'humanité dans cette espèce d'abnégation de
« soi-même qui consiste à revêtir les haillons, la
« chaîne et la misère du forçat, à gémir de sa
« plainte, à languir de sa douleur; et tout cela
« pour le sauver, pour le conquérir au reste du
« monde, pour l'appeler à la vie noble et pure
« par la plus puissante des initiations, celle des
« sympathies et de l'amour.

« Ce n'est pas au reste qu'il n'y ait dans le livre
« auquel M. Méry a donné pour titre le *Bonnet*
« *vert*, rien que des scènes de misère et d'hor-
« reur ; tant s'en faut : l'artiste ne pouvait pas
« ainsi complétement abdiquer ses douces allu-
« res, et l'on peut dire que le fond de l'œuvre
« n'est qu'un horizon suave et ravissant, au de-
« vant duquel s'agite et se découpe au premier
« plan, comme en repoussoir, quelque hideuse
« et funèbre figure. Or la figure hideuse n'est
« point celle du galérien rêveur qui remplit la
« scène de ses plaintes. Isolé de la foule qu'il
« nous montre avec dégoût, il est toujours, lui,
« intéressant et noble . . . .

. . . .

« Comme on le présume bien, le récit qui fait
« le fond de l'ouvrage et qui donne lieu à toutes
« les parties descriptives et morales comporte
« peu de développemens. Le meurtrier, arrivé
« au bagne, perd son nom parmi les hommes,
« et la voix qui l'appelle le désigne par un nu-
« méro. Il écoute ses compagnons d'infortune,
« tente comme eux une évasion qui ne réussit

« pas, et apprenant successivement la mort de sa
« mère et de sa maîtresse, il met fin à ses jours
« par le suicide.

« Trop de poésie peut-être, trop d'amour,
« abondent en ces peintures du ciel, du climat
« et du sol de la Provence ; on regrette les Landes
« et les brouillards de la triste Bretagne, où Brest
« aussi reçoit chaque année quelques anneaux
« de la chaîne qui se forme à Paris. Pourquoi ce
« regret ? C'est que l'auteur abuse de la facilité
« des contrastes. L'intention perce trop de nous
« accabler sous le poids d'affligeantes oppositions;
« chacun des objets offerts à nos regards est tou-
« jours avec soin rapproché de quelqu'autre qui
« le heurte et le repousse.

« Cependant des traits fréquens de réelle
« éloquence rachètent suffisamment ce défaut
« d'ailleurs léger. Qu'on aime à entendre cette
« plainte amère, cette corrosive indignation
« contre une société stupide et féroce, nourrie
« de sang et de larmes, et qui ne s'en doute pas !
« Comme on comprend ces mépris haineux pour
« la nullité opulente qui, peut-être, ne s'abs-

« tiendrait pas du vol si déjà ses mains n'étaient
« remplies. A l'un de ces visiteurs qu'une curio-
« sité niaise et cruelle amène au bagne, et qui
« confond dans une attention également stupide
« et la pierre du bâtiment et l'homme qu'elle
« écrase : « Misérable, s'écrie le forçat, qui l'a re-
« connu pour l'un de ses amis ; de la pauvreté
« et de l'énergie, avec ton cœur froid, tu serais
« ferré ici ; c'est la fortune de ton père qui t'a
« sauvé. »

« Eh bien ! avec ces inspirations, avec ce style
« étincelant, ce livre, malgré le cri ardent de
« colère et de pitié qui l'anime tout entier, ce
« livre, si vivement pittoresque, n'a pas autant
« de profondeur que de chaleur et d'éclat. »

Le Globe, Journal philosophique, etc.,
année 1830, p. 282.

IAMBES,

PAR AUGUSTE BARBIER,

AUTEUR DE LA CURÉE.

Un volume in-8; prix, 6 francs.

LE BONNET VERT,

2ᵉ édition,

1 volume in-8; prix, 7 fr. 50 c.

Le même, troisième édition, 2 vol. in-12, prix, 7 fr.

CONTES BRUNS,

1 vol. in-8,

Orné d'une tête à l'envers; prix, 7 francs 50 centimes.

L'ÉMERAUDE,

Un beau volume in-8 sur grand raisin vélin, orné d'un portrait très ressemblant, gravé sur acier. 6 fr.